ミネルヴァ教職専門シリーズ10

広岡義之/林泰成/貝塚茂樹
監修

外国語教育の研究

大場 浩正
編著

ミネルヴァ書房

監修者のことば

　21世紀に入って，すでに20年が過ぎようとしています。すべての児童生徒にとって希望に満ちた新世紀を迎えることができたかと問われれば，おそらくほとんどの者が否と言わざるを得ないのが現状でしょう。顧みてエレン・ケイは，1900年に『児童の世紀』を著し，「次の世紀は児童の世紀になる」と宣言して，大人中心の教育から子ども中心の教育へ移行することの重要性を唱えました。それからすでに120年を経過して，はたして真の「児童の世紀」を迎えることができたと言えるでしょうか。

　そうした視点から学校教育を問い直し，いったい何が実現・改善され，何が不備なままか，あるいは何が劣化しているかが真摯に問われなければなりません。このようなときに，「ミネルヴァ教職専門シリーズ」と銘打って，全12巻の教職の学びのテキストを刊行いたします。教職を目指す学生のために，基本的な教育学理論はもとより，最新知見も網羅しつつ，新しい時代の教育のあるべき姿を懸命に模索するシリーズとなりました。

　執筆者は大学で教鞭をとる卓越した研究者と第一線で実践に取り組む教師で構成し，初学者向けの教科書・入門的概論書として，平易な文章で，コンパクトに，しかも教育的本質の核心を浮き彫りにするよう努めました。すべての巻の各章が①学びのポイント，②本文，③学習課題という3点セットで統一され，学習者が主体的に学びに取り組むことができるよう工夫されています。

　3人の監修者は，専門領域こそ違いますが，若き少壮の研究者時代から相互に尊敬し励まし合ってきた間柄です。その監修者の幹から枝分かれして，各分野のすばらしい執筆者が集うこととなりました。本シリーズがみなさんに的確な方向性を与えてくれる書となることを一同，心から願っています。

　2020年8月

　　　　　　　　　　　　　　　　広岡義之／林　泰成／貝塚茂樹

は じ め に

　小学校外国語教育は，グローバル化や人工知能（AI）が急速に進む現代において，ますます重要性を増しています。子どもたちは，早い段階から英語に触れ，異文化を理解する力を養うことが必要だと言えます。この背景には，国際的なコミュニケーション能力の向上や，将来の学習基盤を築くことが求められているという社会的なニーズがあると思います。

　一方，学校現場の実践においては，教師の英語力や指導法の多様性が求められていますが，研修や教材の充実が課題となっています。また，英語を使ったコミュニケーションの機会を増やすために，英語母語話者や英語が堪能の方との交流や，オンラインリソースの活用も進められています。

　本書は，このような背景をふまえ，小学校の外国語活動・外国語の理論と実践を基礎からじっくりと学ぼうとする教職志望の学部生・大学院生，さらには多様な角度から改めてその理論と実践を学び，「主体的・対話的で深い学び」を目指した外国語活動・外国語の授業をデザインしようとしている授業実践者や研究者にとって有益なものになると思います。

　以下，第Ⅰ部と第Ⅱ部の概要と各章の内容を簡潔に紹介します。

　第Ⅰ部の「外国語教育の理論」では，小学校で外国語（英語）を指導する際の拠り所となる基本的な知識や概念を全7章で学びます。第1章の「小学校外国語教育の歴史と現状」では，公立小学校における外国語教育の導入から教科化までの経緯や現状，および課題を説明しています。第2章の「小学校学習指導要領における外国語教育」では，2020年から全面実施された小学校学習指導要領における外国語活動・外国語について詳細に解説しています。第3章では，「小学校外国語教育の授業づくり」について，指導者の特徴や授業をデザインしていく際の留意点について述べています。第4章は，「小学校外国語教育の評価」を扱っています。外国語指導者が最も煩悶としている評価方法について，「指導と評価の一体化」を目指したパフォーマンス課題による評価など，多岐

にわたる評価方法を詳述しています。第5章の「小学校外国語教育とICT」では，ICT技術の急速な進化に伴う学校現場での学び方の変化について，4技能それぞれに言及しながら，説明しています。第6章と第7章は，外国語教育のテキストで他に類を見ない本書の特徴的な章になっていると思われます。第6章では「小学校外国語教育と協同学習」を扱い，ジョンソン，D. W. らやケーガン，S による協同学習の理念と技法，さらには授業への導入において配慮すべき事項を詳細に述べています。いわゆる，「協働的な学び」を具現化するヒントを得ることができるでしょう。第7章の「小学校外国語教育とファシリテーション」では，前章の協同学習を実施する上で重要なファシリテーションの考え方とその技術について学びます。Small Talk など，授業におけるペアやグループ活動の質を高め，安心・安全な環境下でお互いをエンパワーしながら学び合い，子どもたちが本来持っている力を発揮できるような授業づくりをサポートします。

　第II部の「外国語教育の実践」は，全3章から構成されており，第I部で論じた理論をふまえた授業実践例を紹介します。第8章「小学校中学年の外国語活動授業実践」と第9章「小学校高学年の外国語科授業実践」では，それぞれ，中学年と高学年において，パフォーマンス課題を設定したバックワード・デザインで単元設計を行い，協同学習の構成要素とファシリテーション技術に基づく授業について解説しています。第10章の「特別支援学級の外国語授業実践」では，コロナ禍での実践ですが，オンラインを用いた特別支援学級の児童の学びを取り上げており，外部人材の活用を含めた遠隔授業の可能性を検討します。

　最後になりましたが，本書は，執筆者の皆様のおかげで，小学校外国語教育の理論と実践がわかりやすく解説されていると思います。執筆者の皆様に深く感謝申し上げます。また，ミネルヴァ書房編集部の平林優佳様には，きめ細かなご支援とご配慮を頂き，本書を素晴らしい書に仕上げていただきました。心より感謝申し上げます。細心の注意を払って執筆しましたが，思わぬ誤解や思い違い等あるかもしれません。ご批判，ご教示いただければ幸甚です。

2025年3月

編著者　大場浩正

目　次

監修者のことば

はじめに

第Ⅰ部　外国語教育の理論

第1章　小学校外国語活動・外国語科の歴史と現状 ……………… 3

1　外国語教育導入と教科化の経緯 ………………………………… 3

2　外国語活動と外国語科の違い ……………………………………… 5

3　公立小学校における指導体制の現状 …………………………… 6

4　外国語活動・外国語指導者の指導内容と懸念 ………………… 8

第2章　小学校学習指導要領における外国語教育 …………… 14

1　2017（平成29）年告示学習指導要領における位置づけ ……… 14

2　外国語活動・外国語科の目標 …………………………………… 19

3　外国語活動・外国語科の「見方・考え方」「言語活動」 …………… 27

4　外国語活動・外国語科の「主体的・対話的で深い学び」 ………… 31

第3章　小学校外国語教育の授業づくり ……………………… 33

1　授業内の主たる指導者は誰なのか ……………………………… 33

2　学級担任，外国語（英語）専科教師およびALTの特徴と役割 ……… 35

3　英語の指導方法の多様化 ………………………………………… 36

4　出口を見据えた児童につけたい英語の力とは ………………… 37

5　「子どもの心の動き」をつくる授業展開のポイント …………… 41

第 4 章　小学校外国語教育の評価 ………………………………… 45

1　学習評価 ……………………………………………………………… 45

2　自己評価 ……………………………………………………………… 49

3　2017（平成29）年告示学習指導要領の観点における評価 ……… 54

4　単元の指導計画と評価計画 ………………………………………… 57

第 5 章　小学校外国語教育と ICT ………………………………… 65

1　教育現場における ICT 環境 ………………………………………… 65

2　ICT を活用した外国語教育 ………………………………………… 74

3　求められるオンライン教材の特徴 ………………………………… 80

4　ICT 機器の発展的活用と課題 ……………………………………… 81

第 6 章　小学校外国語教育と協同学習 …………………………… 87

1　協同学習とは ………………………………………………………… 87

2　協同学習のその他の特徴 …………………………………………… 98

3　外国語活動・外国語科と協同学習 ………………………………… 100

第 7 章　小学校外国語教育とファシリテーション ……………… 106

1　ファシリテーションとは …………………………………………… 106

2　外国語活動・外国語科とファシリテーション ………………… 109

3　外国語活動・外国語科とホワイトボード・ミーティング® …… 119

第Ⅱ部　外国語教育の実践

第 8 章　小学校中学年の外国語活動授業実践 …………………… 127

1　中学年の発達段階の特徴 …………………………………………… 127

2　実践例 1 ──アルファベットの大文字に見えるものを探そう ……………… 130

3　実践例2——オリジナルクリスマスツリーを完成させよう ……………………137

4　実践例3——オリジナル文房具セットをプレゼントしよう ……………………145

5　実践例4——アルファベットの小文字辞書をつくろう ……………………………152

第 9 章　小学校高学年の外国語授業実践 ……………………160

1　高学年の発達段階の特徴 ……………………………………………………………160

2　実践例1——クイズ大会をしよう ……………………………………………………162

3　実践例2——わくわくする先生紹介ポスターをつくろう …………………………169

4　実践例3——週末のできごとをインスタ日記で友だちに紹介しよう ……………176

5　実践例4——小学校の思い出をフォトブックでマリア先生に紹介しよう ………181

第10章　特別支援学級の外国語授業実践 ……………………191

1　特別支援学校における外国語活動・外国語 ………………………………………191

2　オンラインによる授業実践 …………………………………………………………194

付　　録　小学校学習指導要領（平成29年告示）（抜粋）／外国語活動・外国語の目標
　　　　　の学校段階別一覧表　203

索　引　217

第Ⅰ部

外国語教育の理論

第1章

小学校外国語活動・外国語科の歴史と現状

　　公立小学校における外国語活動・外国語の授業はいつから始まったのだろうか。また，誰が指導してきたのだろうか。本章では，小学校外国語教育の歴史的な経緯を概観し，その「指導体制」を，学級担任，外国語（英語）専科教師そして ALT の3者から探っていく。小学校教員への調査から明らかになる外国語活動・外国語科の実際の現状と課題から，児童の英語の学びが充実するための工夫や取り組みを考えてみよう。

1　外国語教育導入と教科化の経緯

　小学校の外国語教育については，1990年代に，研究開発学校において**国際理解教育**と共に始まった。文部省（当時）は，1992年度に研究開発学校として大阪市立真田山小学校と大阪市立味原小学校の2校を指定し，国際理解教育に英語学習を組み込む形でカリキュラム開発の研究が始まった。その後，研究開発学校の数は徐々に増え，1996年度には各都道府県に1校ずつ研究開発学校が指定されることになった。2002（平成14）年度から全面実施された小学校学習指導要領（1998年告示）において「**総合的な学習の時間**」が導入され，国際理解教育などの教科横断的な課題に関して学習活動を行うことになった。そして，外国語会話は，国際理解教育の一環としてその指導を行うことができるようになった。文部科学省（2001）は，外国語会話において，英会話を学習する場合には「**英語活動**」とし，その目的として，英語嫌いをつくらないことが重要視された。

　2009年度からの移行措置による先行実施期間を経て，2011年度の小学校学

第Ⅰ部　外国語教育の理論

習指導要領（2008〈平成20〉年告示）の改訂より小学校高学年（第5学年と第6学年）に「**外国語活動**」（週1時間，年間35時間）が必修化され，公立の小学校現場において，本格的に外国語（英語）の授業が学級担任を主としながら展開される基盤がスタートした。その目標は，「外国語を通じて，言語や文化について体験的に理解を深め，積極的にコミュニケーションを図ろうとする態度の育成を図り，外国語の音声や基本的な表現に慣れ親しませながら，コミュニケーション能力の素地を養う」ことであった。要するに，外国語や外国の文化および外国語でのコミュニケーションに興味・関心を持てるような指導が不可欠であった。

　また，中学校と合わせるために，基本として英語を学習することになっていた。ただし，「外国語活動」は「教科」ではなく，道徳と同様に「領域」であるため，**教科用図書**（いわゆる教科書）はなく，文部科学省は，外国語活動の質的水準を確保するために国としての「共通教材」である『英語ノート』を作成・配布（2009〜2011年度）した。『英語ノート』の廃止後の2012〜2017年度までは，『Hi, friends!』を全国の小学校に配布した。これらは小学校学習指導要領に基づいて作成されたものであるが，教科用図書ではないため，法的な使用義務はなかった。2015年には，文部科学省が「教科」として，外国語教育に取り組む研究開発学校や特例校向けに「補助教材」（「デジタル教材」「ワークシート」および「活動事例集」）を作成している。

　そして，2020年度には，現行の小学校学習指導要領（2017〈平成29〉年告示）が全面実施され，小学校中学年（第3学年と第4学年）において「外国語活動」（週1時間，年間35時間）が必須となり，高学年（第5学年と第6学年）において「外国語」（週2時間，年間70時間）が教科として本格的に始まった。2020年度の完全実施までの2年間の移行期間（2018・2019年度）には，文部科学省が作成した『Let's Try!』（中学年用）と『We Can!』（高学年用）が補助教材として配布された。2020年度からは，教科化になった高学年では各教科書会社が作成した教科用図書が使用されているが，中学年では引き続き『Let's Try!』が使用されている。

2　外国語活動と外国語科の違い

　前述のように，2020年度には，現行の小学校学習指導要領（平成29年告示）が全面実施され，小学校中学年（第3学年と第4学年）において「外国語活動」が必須となり，高学年（第5学年と第6学年）において「外国語」が教科となった。中学年の「外国語活動」の目標に関しては，本書第2章で詳しく説明するが，「外国語によるコミュニケーションにおける見方・考え方を働かせ，外国語による聞くこと，話すことの言語活動を通して，コミュニケーションを図る素地となる資質・能力を次のとおり育成することを目指す」となっている。また，高学年「外国語」の目標は，「外国語によるコミュニケーションにおける見方・考え方を働かせ，外国語による聞くこと，読むこと，話すこと，書くことの言語活動を通して，コミュニケーションを図る基礎となる資質・能力を次のとおり育成することを目指す」である。この後に，(1)**知識・技能**，(2)**思考力・判断力・表現力等**，および(3)**学びに向かう力・人間性等**の目標が続いている。

　「外国語活動」と「外国語」の目標において異なっている点は，「外国語活動」では，「**聞くこと**」と「**話すこと**」の音声面を中心に体験的に学習し，コミュニケーションを図る素地となる資質・能力を育成することを目指すが，「外国語」ではそこに「**読むこと**」と「**書くこと**」が加わり，基礎的な知識や技能を定着させ，コミュニケーションを図る基礎となる資質・能力を育成することを目指す。さらに「外国語」では，数値による評価が行われるようになった。

　また，前節で述べたように，「外国語活動」は必須であるが教科ではないため教科書はなく，多くの学校で文部科学省が作成した『Let's Try! 1』と『Let's Try! 2』が使用されているようである。高学年の「外国語」では各教科書会社が作成した教科用図書が使用され，2025年現在，6社から出ている。どの教科書も，「**主体的な学び**」を導く手立てや，児童の興味・関心を引き出す工夫を施している。また，多文化・異文化理解のコンテンツも豊富に取り扱われている。各単元においては，目標や評価など，見通しを持ちやすい構成になっている。さらに，デジタル教科書の充実など，**個別最適な学び**や**協働的な**

第Ⅰ部　外国語教育の理論

学びへのサポートが十分になされている。

3　公立小学校における指導体制の現状

　文部科学省は，2013年度より，公立小学校・中学校および高等学校等を対象として「英語教育実施状況調査」を実施してきた（2020年度を除く）。この調査結果をもとに，過去約10年間の小学校現場における英語の「指導体制」を概観する（図1-1）。

　まず，教育現場の意識としては，主となる指導者が**学級担任**であることは一目瞭然である。その割合が，2014〜2017年度の3年間で7％上昇していることから，学級担任の授業内での役割がいっそう重要なものとなっていったことがうかがえる。これは，国，県，市町村という単位で盛んに研修が行われ，加えて，各学校で校内研修が実施されてきたことが要因の1つと考えられる。このデータは，現在の学習指導要領が実施される前のものであるが，移行措置期間中の2019年度では，学級担任と**外国語（英語）専科教師**の割合に重要な変化が見られる。外国語（英語）専科教師は，2014年度には全体の5.1％だったが，2019年度では17.7％まで増加している。外国語（英語）専科教師として指導を行っている教師の多くが，複数の小学校を掛け持ちして教えていたとされる。文部科学省は，旧学習指導要領（2008〈平成20〉年告示）のもとでは，他の人材を活用しながらも，主となる指導者は学級担任であることを強くアピールしてきた。しかし，現行の学習指導要領の移行措置期間（2018・2019年度）になると，外国語（英語）専科教師の加配措置を進めるようになり，それに伴い，**ALT**（Assistant Language Teacher：外国語指導助手）の配置拡大も同時に進めてきた（文部科学省，2020）。このような動きはさらに加速し，2021年度および2022年度の調査では，学級担任（同学年他学級担任と他学年学級担任による授業交換等を含む）の割合が，それぞれ63.2％と65.7％と減り，外国語（英語）専科教師（当該小学校および他小学校所属教師）の割合が，それぞれ30.2％と27.5％に増えた。中学校・高等学校所属教師の割合は1.0％台であり変化はなかった。外国語（英語）専科教師の割合が，2021年度から大幅に増えていることは注目

第1章 小学校外国語活動・外国語科の歴史と現状

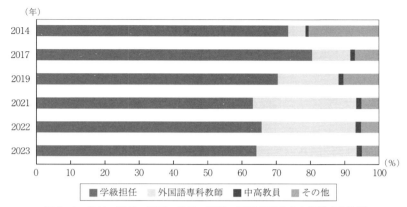

図1-1 2014・2017・2019・2021・2022・2023年度の主な指導者の比較
出所：文部科学省（2015，2018，2020，2022～2024）をもとに筆者作成。

に値するだろう。2023年度は，2021年度とほとんど同様である。

ただし，「英語教育実施状況調査」では「主たる指導者は誰か」という問いの選択項目にALTは入っていない。ALTはあくまでも助手であり，主たる指導者とはなり得ないからである。

図1-2は，2013～2017年度と2019年度に，5・6年生の外国語活動において，ALTが授業に参加した時数の割合の推移を示したものである。年々，ALTの授業への参加度が増加していることがわかる。しかしながら，2021年度の「英語教育実施状況調査」では，総授業時数に対するALT等を活用した授業時数の割合は，3・4年生で67.6%，5・6年生で60.5%であり，その割合は減ってきている。2022年度の「英語教育実施状況調査」では，3・4年生の授業で50%以上活用している割合は70.8%，5・6年生では70.1%であった。さらに，2023年度の「英語教育実施状況調査」では，3・4年生の授業で50%以上活用している割合は73.4%，5・6年生では72.2%であり，近年では徐々に上がってきている。一方，30%近くの外国語活動・外国語科の授業において，ALTの参加が50%以下であることは残念である。

ALTは，2021年度の「英語教育実施状況調査」の結果から，「教師とのやり取りを児童に示す，やり取り・発表のモデル提示」（98.3%），「児童のやり

7

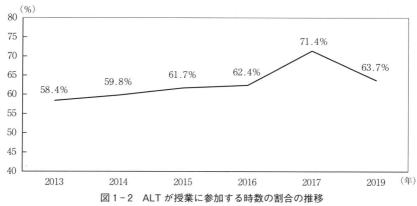

図1-2 ALTが授業に参加する時数の割合の推移
出所：文部科学省（2014～2018, 2020）をもとに筆者作成。

取りの相手」（98.4％）および「発音のモデル・発音指導」（98.3％）において大きな役割を担っていることがわかった。2022年度や2023年度においても同様であり，「パフォーマンステスト等の補助」においてもALTが活躍しているようである。

これまでの調査結果からは，確かに主たる指導者は学級担任であることがわかるが，81％のALTが授業の大部分を担っているという調査結果の報告がある（上智大学, 2015）。地域による差もあるかもしれないが，現在の学習指導要領が実施されて6年目に入り，外国語（英語）専科教師が以前よりも増えてきているとは言え，6割以上は学級担任が主たる指導者であり，ALTといかに効果的な授業づくりを行うかは課題であろう。

4　外国語活動・外国語指導者の指導内容と懸念

2020年度からの高学年における教科化に伴い，7種類の教科用図書（教科書）が採用されたが，2024年度からは6種類になった。前述のように，教科化になる前の外国語では，文部科学省による小学校外国語教育教材である『We Can! 1』と『We Can! 2』が用いられていた。検定教科書を使用することによって，2年間を通して教えることが明確になり，学校間や教師間の差の解消

第1章　小学校外国語活動・外国語科の歴史と現状

につながるだろう。また，教科化に伴い，教科として評価しなければならなくなった。教職員免許状（外国語）を持たない小学校教師が単独で英語の指導や評価を行うことに対する不安も大きく，さらに，外国語（英語）専科教師の数もここ数年ほとんど変化はない（図1-1）。

　山内・作井（2020）によると，多忙な教師たちは英語指導に関する研修を必要としている。しかしながら，教育委員会主催の研修は回数も限られているため，大学などが主催する研修が長期休暇の期間に開催されれば，非常勤講師やデジタル媒体に苦手意識を持つ教師，もちろん専任の教師も含めて，多くの教師が自由に参加できると述べている。

　AEON（2019, 2021）は，2019年9月と2021年3月に，現役小学校教員を対象として「小学校の英語教育に関する教員意識調査」を行っている。2019年の調査では，英語を教科として教えることに「あまり自信がない／不安の方が大きい」と回答した小学校教員（270名）の割合は48％であり，英語活動に関しては「（あまり）自信がない」教員は50％であった。特に，「評価の仕方」と「自身の英語力や指導力」への課題を感じているようであった。外国語活動の必修化および外国語の教科化の移行措置期間においても，これまでとあまり状況は変わらず，半数近くの小学校教員が不安を感じていることが明らかになった。同様に，必修化と教科化が本格的に始まった後の2021年調査では，英語活動がうまく行っていると回答した小学校教員の割合は28％であり，外国語科に関しては35％にとどまっている。また，教科として教える際に特に難しいと感じているのは，「話すこと［やり取り，発表］」であった。さらに，2019年の調査と同様，「評価の仕方」と「自身の英語力や指導力」に難しさを感じているようであった。

　大場（2022）は，現学習指導要領の本格実施から1年が経った2021年5月の時点で，小学校外国語の指導に対してどのような意識（自己評価）および不安を持っているかを，小学校の外国語担当教師（31名）および外国語専科教師（5名）に質問紙による調査を行っている。この調査によると，担任などの外国語担当教師は，文法などをコミュニケーションの場面を提示し，言語活動を通して児童が気づくような指導や，児童がメタ認知能力を働かせて，自己の知

9

第Ⅰ部　外国語教育の理論

識や能力を振り返って正しく判断できるような活動を設定することは難しいことがわかった。しかしながら，ICT（Information and Communication Technology；情報通信技術）などの教育機器を効果的に活用したり，個人学習，ペア活動，グループ活動およびクラス全体などの活動形態を工夫することへの自己評価は比較的高いことが明らかになった。また，外国語（英語）専科教師においては，自信を持って外国語の授業を展開しているが，児童が自己の知識や能力を振り返る活動に関しては課題を抱えているようであった。これは，外国語担当教師と逆の結果となった。複数の学校（学級）で多くの児童に外国語を指導することは，授業でしか児童と接する機会がないということであり，児童一人ひとりを理解することへの難しさを示している。また，調査における自由記述から，外国語担当教師は，自分の英語力に大きな不安を抱えているが，一方で，児童にとって楽しい英語の授業づくりを目指したいという前向きな姿勢も見られた。

　立野・大場（2022）は，現行の学習指導要領が実施された2020年度後半に，外国語科を担当している小学校教師にインタビューを行い，現状を分析している。調査対象となったのは，学級担任と外国語（英語）専科教師がそれぞれ2名，および級外教師1名であった。インタビューからは，以下のような現状と課題が明らかになった。

　まず，「授業」に関しては，子どもたちが英語に対して興味を持てるように，楽しくて，好きになるような授業を心がけていることがわかった。具体的には，映像，ALTやネイティブ（母語話者）の音声の活用など教材を工夫していた。海外の小学校と交流している事例もあり，他国の子どもたちに自分たちの国のことを伝えるという目的意識を持って外国語学習に取り組んでいた。

　しかしながら，「評価」に関しては，不安の声もあった。「知識・技能」の評価に関しては，教科書会社のテストや業者のテストによる評価を基本としていた。「思考力・判断力・表現力等」の評価に関しては，インタビューなどのパフォーマンステストや日頃のスピーキング，児童との対話などを評価対象としていた。「学びに向かう力・人間性等」に関しては，発表を聞いている児童にどのような情報があったかをワークシートに記入してもらったり，普段の英語への関わり方，動画をつくっている時の発表の仕方で評価をしていた。

英語指導に関する悩みは，「連携不足」「教師自身の問題」「子どもの問題」および「専科の悩み」に関してであった。「連携不足」に関しては，学級担任および ALT との連携に関してであった。学級担任との連携に関しては，学級担任の空き時間に特別支援の児童のサポートをお願いしづらいという外国語（英語）専科教師の声もあった。ALT との連携に関しては，いかに連携するか，ALT をいかに生かすか，および ALT と事前に打ち合わせる時間がなかなかとれないという課題が述べられた。

「教師自身の問題」に関しては，授業づくりと評価の仕方に分けられる。前者は，英語嫌いをつくらせたくない，および英語に対して意欲的でない子どもへの指導であった。教師は，子どもが英語に対して苦手意識を持たないように指導しているが，自身のやり方が正しいのか常に不安である。評価の仕方に関しては，新しい学習指導要領における「思考」の部分が見取りづらいという声があった。

「子どもの問題」に関しては，特別な支援を要する児童への対応および児童間の差に分けられる。特別な支援を要する児童への対応については，特別支援のクラスの児童にどう教えるか等に苦労しているようである。児童間の差に関しては，英語を習っている児童と習っていない児童の差が挙げられた。英会話教室などに通う児童が増えている一方で，その差が不安として明らかになった。

「外国語（英語）専科教師の悩み」については，「中学校との差」「子どもとの信頼関係」「学校間の差」および「理想の学級経営との差」について言及があった。「子どもとの信頼関係」に関しては，「子どもに信頼してもらうまで時間がかかった」「学級担任の言うことは聞くけど，入教（級外教師）の言うことは聞かない」「子どもとのラポート（相互の信頼関係）が取れていないから，叱りにくい」（括弧内は筆者捕捉）という意見があった。学級担任と異なり，外国語（英語）専科教師は外国語の授業でしか児童と顔を合わせる機会がなく，多くの学校を掛け持つ専科教師もいる。週 2 回の授業だけでは，子どもとの信頼関係を築くことは難しいのであろう。「理想の学級経営との差」に関しては，「自分が学級経営に関われない」「学級担任だったときには自然にやれていたことができない」「ルールが徹底できない」「英語が好きな子と苦手な子がちょう

第Ⅰ部　外国語教育の理論

どよくペアになれるように座席を配置することができない」という声が上がった。

　これから受けたい研修については，「自分の能力向上」と「全体の授業力向上」であった。前者はさらに，「授業力」と「英語力」関する意見があった。「授業力」に関して，他の先生の実際の授業実践を見たいという意見があった。「英語力」に関しては，自分の語学力を上げたいや英語力の向上研修を受けたいということも聞かれた。「全体の授業力向上」に関しては，「オンライン」および「チーム・ティーチング（Team-Teaching：TT）」に関する意見があった。「オンライン」に関して，コロナ禍のため地方から都会に研修を受けに行くことが難しくなっている（現在ではこのことは解消されている）という声があった。TT に関しては，ALT と一緒にやっていく TT の仕方についての意見が多かった。最後に，外国語活動・外国語科の指導年数が少ないことに付随する悩みも聞かれた。すなわち，「英語に興味を持ってほしいが，なかなかうまくいかない」「どうすれば英語嫌いをつくらず，皆がついてこられるような授業をすることができるのか」「英語嫌いをつくらせたくない」「英語に対して意欲的じゃない子への指導方法」であった。外国語（英語）の授業づくりにおける教師の協同的な学びや連携も必要であろう。

　外国語の指導においては，専門性を持った外国語（英語）専科教師が担当した方が良いのではないかという声が学校現場から聞こえてくるが，図1-1で示しているように，ここ数年，その数は増えてはいない。多くの外国語（英語）専科教師は自ら希望してその任に就いている場合が多く，外国語の指導に集中できることもあり，プライドと自信を持って指導に当たっている人も多い。外国語教育の入門期である小学校で教えることにやりがいを感じ，自らも楽しみ，児童も楽しめる外国語の授業をデザインしていくためにも，外国語（英語）専科教師を増やしていくことが求められるであろう。

学習課題　① 小学校において，自分がどのような英語指導（学級担任，外国語〈英語〉専科教師および ALT 等による）を受けてきたかを話し合ってみよう。また，どのような英語指導を受けてみたかったか話し合ってみよう。
　　　　　② 英語指導における学級担任，英語専科教員および ALT の強みや課題について，どのようなことがあるか，話し合ってみよう。

第1章　小学校外国語活動・外国語科の歴史と現状

引用・参考文献

大場浩正「小学校外国語活動・外国語の授業改善に向けて――外国語担当教員と外国語専科
　　教員の意識」『上越教育大学研究紀要』第42巻，2022年，155～164頁。

上智大学「小学校・中学校・高等学校における ALT の実態に関する大規模調査研究　中間
　　報告書」2015年。https://pweb.cc.sophia.ac.jp/1974ky/Interim%20report%20of%20ALT
　　%20Survey%202014.pdf

立野莉沙・大場浩正「新学習指導要領による小学校外国語活動・外国語に対する教員の意識
　　と課題――インタビュー調査を通して」『上越教育大学教職大学院研究紀要』第9巻，
　　2022年，31～42頁。

文部科学省『小学校英語活動実践の手引』開隆堂出版，2001年。

文部科学省「平成25年度『英語教育実施状況調査』の結果について」2014年。https://
　　www.mext.go.jp/a_menu/kokusai/gaikokugo/1351631.htm

文部科学省「平成26年度『英語教育実施状況調査』の結果について」2015年。https://
　　www.mext.go.jp/a_menu/kokusai/gaikokugo/1358566.htm

文部科学省「平成27年度『英語教育実施状況調査』の結果について」2016年。https://
　　www.mext.go.jp/a_menu/kokusai/gaikokugo/1369258.htm

文部科学省「平成28年度『英語教育実施状況調査』の結果について」2017年。https://
　　www.mext.go.jp/a_menu/kokusai/gaikokugo/1384230.htm

文部科学省「平成29年度『英語教育実施状況調査』の結果について」2018年。https://
　　www.mext.go.jp/a_menu/kokusai/gaikokugo/1403468.htm

文部科学省「令和元年度『英語教育実施状況調査』の結果について」2020年。https://
　　www.mext.go.jp/a_menu/kokusai/gaikokugo/1415043.htm

文部科学省「令和3年度『英語教育実施状況調査』の結果について」2022年。https://
　　www.mext.go.jp/a_menu/kokusai/gaikokugo/1415043_00001.htm

文部科学省「令和4年度『英語教育実施状況調査』の結果について」2023年。https://
　　www.mext.go.jp/a_menu/kokusai/gaikokugo/1415043_00004.htm

文部科学省「令和5年度『英語教育実施状況調査』の結果について」2024年。https://
　　www.mext.go.jp/a_menu/kokusai/gaikokugo/1415043_00005.htm

山内啓子・作井恵子「小学校英語教員の研修に対する意識調査」『神戸松蔭女子学院大学研
　　究紀要』第1巻，2020年，189～200頁。

AEON「小学校の英語教育に関する教員意識調査2019」2019年。https://www.aeonet.co.
　　jp/company/information/newsrelease/pdf/aeon_190902.pdf

AEON「小学校の英語教育に関する教員意識調査2021」2021年。https://www.aeonet.co.
　　jp/company/information/newsrelease/pdf/aeon_210315.pdf

第2章

小学校学習指導要領における外国語教育

　そもそも学習指導要領とはどういうものなのか。そして，2017（平成29）年に告示された現行の学習指導要領にはどのような改定の背景があったのか。学習指導要領の内容をただ知るだけではなく，近年の社会の変化や社会的要請と合わせてその趣旨を理解することが重要である。なぜなら，教師は学習指導要領の趣旨の実現に向けて教育実践をすることが求められているからである。本章では，小学校に外国語活動と外国語科が導入された理由や，教科としての目標や見方・考え方の理解，言語活動の指導における留意点などを自分の言葉で説明できるようになることを目指して，現行の小学校学習指導要領について検討してほしい。

1　2017（平成29）年告示学習指導要領における位置づけ

（1）学習指導要領とは

　文部科学省は，**学校教育法**等に基づき，全国のどの地域で教育を受けても，一定の水準の教育を受けられるようにするため，各学校で教育課程（カリキュラム）を編成する際の基準を定めている。これを**学習指導要領**という。学習指導要領には，小学校，中学校および高等学校等の教育段階ごとに，それぞれの教科等の目標や大まかな教育内容が定められている。また，これとは別に，**学校教育法施行規則**で，例えば，小学校と中学校の教科等の年間の**標準授業時数**等が定められている（第51・73条など）。つまり，学習指導要領は基準性を有しており，学習指導要領に示されている教科の内容等は，すべての児童生徒に確実に指導されなければならない。

　しかしながら，児童生徒の学習状況など，その実態等に応じて必要がある場

合には，①各学校の判断により学習指導要領に示していない内容を加えて指導すること，②各教科等の指導の順序について適切な工夫を行うこと，③教科等の特質に応じ複数学年まとめて示された内容について児童等の実態に応じた指導を行うこと，④授業の1単位時間の設定や時間割の編成を弾力的に行うこと，⑤総合的な学習の時間において目標や内容を各学校で定めることなど，学校や教職員の創意工夫により，教育課程を編成・実施しても良いことが学習指導要領の「第1章　総則」に明記されている。よって，各学校では，この学習指導要領や年間の標準授業時数等をふまえ，地域や学校の実態に応じて，教育課程（カリキュラム）を編成している。

　なお，学習指導要領は概ね10年ごとに改訂を繰り返している。これは，教育基本法第1条「教育は，人格の完成を目指し，平和で民主的な国家及び社会の形成者として必要な資質を備えた心身ともに健康な国民の育成を期して行われなければならない」に基づき，社会の変化に対応して教育を行わなければいけないからに他ならない。自身が小学校や中学校で授業を受けていた時の学習指導要領とこれから教壇に立って児童生徒を指導する時の学習指導要は異なっている。そのため，自分が受けてきた授業をただ真似しているだけでは，学習指導要領の趣旨を実現することはできないのは明白であり，教師として現行の学習指導要領の内容等を確実に理解することは必須である。

（2）2017（平成29）年告示の小学校学習指導要領の改定の経緯

　時代の変化や子どもたちの状況，社会の要請等をふまえて，学習指導要領は改訂される。20年先，30年先はどのような社会になるのか，そして，その社会で必要とされる資質能力とはどのようなものだろうか，ということを想定して改訂されている。

　『小学校学習指導要領（平成29年告示）解説　外国語活動・外国語編』では，「第1章　総説」の冒頭で，これからの時代を象徴する言葉（キーワード）として，以下を挙げている（文部科学省，2018b：2）。

- 生産年齢人口の減少　　• グローバル化の進展
- 絶え間ない技術革新　　• 社会構造や雇用環境の大きく急速な変化

第Ⅰ部　外国語教育の理論

- 予測困難な時代　　・急激な少子高齢化
- 人口知能（AI）の飛躍的な進化など

そして，次のように改定の経緯を説明している（文部科学省，2018b：2）。

　このような時代にあって，学校教育には，子供たちが様々な変化に積極的に向き合い，他者と協働して課題を解決していくことや，様々な情報を見極め知識の概念的な理解を実現し情報を再構成するなどして新たな価値につなげていくこと，複雑な状況変化の中で目的を再構築することができるようにすることが求められている。（中略）子供たちを取り巻く環境の変化により学校が抱える課題も複雑化・困難化する中で，これまでどおり学校の工夫だけにその実現を委ねることは困難になってきている。

このような時代背景や経緯により，学習指導要領の枠組みも次の6点にわたって改善された（文部科学省，2018b：3）。

---

① 「何ができるようになるか」（育成を目指す資質・能力）
② 「何を学ぶか」（教科等を学ぶ意義と，教科等間・学校段階間のつながりを踏まえた教育課程の編成）
③ 「どのように学ぶか」（各教科等の指導計画の作成と実施，学習・指導の改善・充実）
④ 「子供の一人一人の発達をどのように支援するか」（子供の発達を踏まえた指導）
⑤ 「何が身に付いたか」（学習評価の充実）
⑥ 「実施するために何が必要か」（学習指導要領等の理念を実現するために必要な方策）

　「教師が何をどのように教えるか」という**知識重視の内容**（コンテンツベース）であった従来の学習指導要領から，「子供が何をどのように学び，何ができるようになるか」という子ども（学習者）主体の内容で，**子どもの資質・能力の育成**（コンピテンシーベース）を目指す内容へと学習指導要領の舵が大きく切られたのである。これからの教師の役割は，教えるのではなく，自律した学習者を育成するために，学びを仕組むことが求められていると言える。

第 2 章　小学校学習指導要領における外国語教育

　これらをふまえ，新しい学習指導要領の基本方針が策定され，学校教育法施行規則が改正されると共に，現在の学習指導要領が公示されたのである。

（3）基本方針

　現行の学習指導要領の基本方針として，「社会に開かれた教育課程の重視」「育成を目指す資質・能力の明確化」「『主体的・対話的で深い学び』の実現に向けた授業改善」および「各学校におけるカリキュラム・マネジメントの推進」などが挙げられる。それぞれ，『小学校学習指導要領（平成29年告示）解説総則編』をもとにその内容を解説する。

　社会に開かれた教育課程とは，子どもたちが未来社会を切り拓くための資質・能力をいっそう確実に育成するために，社会と子どもたちに求められる資質・能力とは何かを社会と共有，連携した教育課程を編成・実施するということである。**育成を目指す資質・能力**は，学校教育が長年その育成を目指してきた「生きる力」をより具体化したものであり，教育課程全体を通して育成を目指す資質・能力として，以下の3つの柱に整理され，各教科の目標や内容についても，これらに基づいて再整理された。

ア「何を理解しているか，何ができるか（生きて働く「**知識・技能**」の習得）」
イ「理解していること・できることをどう使うか（未知の状況にも対応できる「**思考力・判断力・表現力等**」の育成）」
ウ「どのように社会・世界と関わり，よりよい人生を送るか（学びを人生や社会に生かそうとする「**学びに向かう力・人間性等**」の涵養）」

　なお，現行の学習指導要領より，各教科等の評価の観点が，「関心・意欲・態度」「思考・判断・表現」「技能」「知識・理解」の4つから，「知識・技能」「思考力・判断力・表現力」「主体的に学習に取り組む態度」の3つへと変更となったが，これらについては2008年（平成20年）告示の学習指導要領においても指導の重点とされていた点であり，文部科学省が2007年に学校教育法を改正し，以下の条文を追加していることをここで添えておく。

17

第 I 部　外国語教育の理論

> 学校教育法　第30条第2項
> 　前項の場合においては，生涯にわたり学習する基盤が培われるよう，基礎的な知
> 識及び技能を習得させるとともに，これらを活用して課題を解決するために必要な
> 思考力，判断力，表現力その他の能力をはぐくみ，主体的に学習に取り組む態度を
> 養うことに，特に意を用いなければならない。

　主体的・対話的で深い学びの実現に向けた授業改善については，『小学校学
習指導要領（平成29年告示）解説　総則編』に留意すべき点が6つ挙げられて
いるので，ここで簡単に紹介する。それぞれのキーワードの詳細については後
述する。

- これまでの実践を否定するものではなく，全く異なる指導方法を導入しな
  ければならないと捉える必要はない。
- 目指す資質・能力を育むために，「**主体的な学び**」「**対話的な学び**」「**深い
  学び**」の視点で授業改善を進める。
- 各教科等において通常行われている学習活動（言語活動，観察・実験，問
  題解決的な学習など）の質を向上させることを主眼とする。
- 1単位時間ではなく，単元や題材などの内容や時間のまとまりの中で，
  「**主体的・対話的で深い学び**」の実現を図る。
- 「**見方・考え方**」を働かせることにより，深い学びの実現を図る。
- 基礎的・基本的な知識及び技能の習得に課題がある場合には，その確実な
  習得を図る。

　カリキュラム・マネジメントについては，学習指導要領の趣旨の実現を図る
ために，学習指導要領の総則において，以下の具体的な内容を通して，教育課
程に基づき組織的かつ計画的に学校の教育活動の質の向上を図っていくことに
努めることが示されている（文部科学省，2018a：39）。

- 児童や学校，地域の実態を適切に把握し，教育の目的や目標の実現に必要
  な教育の内容等を**教科横断的な視点**で組み立てていくこと。
- 教育課程の**実施状況を評価**してその改善を図っていくこと。
- 教育課程の実施に必要な**人的又は物的な体制を確保**するとともにその改善

を図っていくこと。

（4）学校教育法施行規則改正の要点

　2017（平成29）年告示の小学校学習指導要領では，上述の基本方針に加え，小学校における外国語教育に関する内容が大きく改訂された。児童が将来どのような職業に就くとしても，外国語で多様な人々とコミュニケーションを図ることができる能力は，生涯にわたる様々な場面で必要とされることが想定され，その基礎的な能力を育成するために，2008（平成20年）告示の学習指導要領の成果と課題をふまえ，小学校中学年から**外国語活動**を導入することとし，高学年においては**外国語**の教科学習を行うと共に中学校への接続を図ることとなった。

　そのことにより，教育課程編成の基本的な要素である各教科等の種類や授業時数，合科的な指導等について規定をしている学校教育法施行規則で，小学校の第3・4学年に「外国語活動」を，第5・6学年に「外国語科」を新設（第5・6学年の「外国語活動」を廃止）することが示され，授業時数については，外国語活動に年間35単位時間，外国語科に年間70単位時間を充てることとされた。

　小学校における70単位時間の外国語活動と140単位時間の外国語科の授業は，中学校3年間の外国語科の総授業時数420単位時間の半分に相当する時間であり，小学校における外国語活動と外国語科の実施による新しい教育課程が，中学校の外国語科の学習指導要領に多大な影響を及ぼしていることは言うまでもない。今後，英語教育改革がますます推進されていくことが予測される。

2　外国語活動・外国語科の目標

（1）教科等の目標の構造

　現行の学習指導要領では，教科等の目標が構造化されており，各教科等共通の書き方となっている。そこで，まずはその構造について確認する。

　どの教科においても，学習指導の基本的な考え方と育成を目指す資質・能力

第Ⅰ部　外国語教育の理論

の全体像としての柱書が冒頭に書かれており，その内容も以下の通りの書き方が共通している。

> 「……見方・考え方を働かせて」：教科等の特質
> 「……活動を通して」：主体的・対話的で深い学び
> 「……資質・能力を……育成することを目指す」：資質・能力

　その柱書のもとに，育成を目指す資質・能力の３つの柱に沿った具体的な目標として箇条書きで示されており，それぞれ現行の学習指導要領で育成を目指す３つの資質・能力に該当する。

> (1)「知識・技能」
> (2)「思考力・判断力・表現力等」
> (3)「学びに向かう力・人間性等」

　この構造をふまえて，外国語活動と外国語科の目標について理解を深めることが重要である。本章では，外国語活動と外国語科の目標や見方・考え方についてしか触れないが，他教科の目標や見方・考え方と比較することにより，それぞれの教科の特性や他の教科との相違点等を知ることができ，外国語活動と外国語科の目標や見方・考え方への理解を深めることができるであろう。

（2）小学校外国語活動と外国語科の目標

　外国語活動は，外国語の音声や表現に慣れ親しむ体験活動を通してコミュニケーション能力の素地を養うことが最も重要であり，外国語を知識として学ぶことではないということが，以下の目標からはっきりとわかる。

柱書		外国語によるコミュニケーションにおける見方・考え方を働かせ，外国語による聞くこと，話すことの言語活動を通して，コミュニケーションを図る素地となる資質・能力を次のとおり育成することを目指す。
	(1)	外国語を通して，言語や文化について体験的に理解を深め，日本語と外国語との音声の違い等に気付くとともに，外国語の音声や基本的な表現に慣れ親しむようにする。

三つの柱	(2)	身近で簡単な事柄について，外国語で聞いたり話したりして自分の考えや気持ちなどを伝え合う力の素地を養う。
	(3)	外国語を通して，言語やその背景にある文化に対する理解を深め，相手に配慮しながら，主体的に外国語を用いてコミュニケーションを図ろうとする態度を養う。

　次に，外国語科は教科であり，外国語活動とは目標の内容が大きく変わる。日本語と外国語の違いへの気づきや基本的・基礎的な知識を着実に習得しながら，実際のコミュニケーションの場面で生きた知識として活用できるようにすることが目標となっており，「読むこと」と「書くこと」の指導が加わっている。

柱書		外国語によるコミュニケーションにおける見方・考え方を働かせ，外国語による聞くこと，読むこと，話すこと，書くことの言語活動を通して，コミュニケーションを図る基礎となる資質・能力を次のとおり育成することを目指す。
三つの柱	(1)	外国語の音声や文字，語彙，表現，文構造，言語の働きなどについて，日本語と外国語との違いに気付き，これらの知識を理解するとともに，読むこと，書くことに慣れ親しみ，聞くこと，読むこと，話すこと，書くことによる実際のコミュニケーションにおいて活用できる基礎的な技能を身に付けるようにする。
	(2)	コミュニケーションを行う目的や場面，状況などに応じて，身近で簡単な事柄について，聞いたり話したりするとともに，音声で十分に慣れ親しんだ外国語の語彙や基本的な表現を推測しながら読んだり，語順を意識しながら書いたりして，自分の考えや気持ちなどを伝え合うことができる基礎的な力を養う。
	(3)	外国語の背景にある文化に対する理解を深め，他者に配慮しながら，主体的に外国語を用いてコミュニケーションを図ろうとする態度を養う。

（3）中学校外国語科の目標

　中学校外国語科では，英語で実際にコミュニケーションを図ることができる資質・能力の育成が次のように目標として設定されている。

第Ⅰ部　外国語教育の理論

柱書		外国語によるコミュニケーションにおける見方・考え方を働かせ，外国語による聞くこと，読むこと，話すこと，書くことの言語活動を通して，簡単な情報や考えなどを理解したり表現したり伝え合ったりするコミュニケーションを図る資質・能力を次のとおり育成することを目指す。
三つの柱	(1)	外国語の音声や語彙，表現，文法，言語の働きなどを理解するとともに，これらの知識を，聞くこと，読むこと，話すこと，書くことによる実際のコミュニケーションにおいて活用できる技能を身に付けるようにする。
	(2)	コミュニケーションを行う目的や場面，状況などに応じて，日常的な話題や社会的な話題について，外国語で簡単な情報や考えなどを理解したり，これらを活用して表現したり伝え合ったりすることができる力を養う。
	(3)	外国語の背景にある文化に対する理解を深め，聞き手，読み手，話し手，書き手に配慮しながら，主体的に外国語を用いてコミュニケーションを図ろうとする態度を養う。

（4）日本の外国語教育が目指すもの──一貫性

　小学校中学年，小学校高学年および中学校，それぞれの発達段階における目標を比較すると，当然のことながら発達段階に応じて目標に差があることがわかるが，それ以外にも発達段階に関係なく共通しているものが見えてくる。それこそが日本の外国語教育が目指すものであり，学習指導要領が一貫性を示している部分である。

　すべての目標の柱書が「外国語によるコミュニケーションにおける見方・考え方を働かせ」と始まり，「言語活動を通して，コミュニケーションを図る（素地・基礎となる）資質・能力を育成する」で結ばれている。これは2018（平成30）年に告示された高等学校学習指導要領の外国語科，英語科の目標においても同様である。

　現行の学習指導要領が教科を学ぶ本質的な意義を重要視しており，これからの日本の外国語教育は，すべての校種の，どの発達段階においても，言語活動を中心とした指導により，英語によるコミュニケーションスキルの育成を目指すことという強いメッセージが現れていると言えよう。これまでは進学のための教科，文法や語彙を知識として学ぶ教科といったイメージが非常に強かったが，これからは実生活や実社会で役に立つコミュニケーションツールとしての

第 2 章　小学校学習指導要領における外国語教育

英語を習得するための教科に変わらなければならない。

（5）小学校中学年，小学校高学年および中学校——それぞれの目標の違い

　小学校中学年，小学校高学年および中学校，それぞれの発達段階における目標の違いについては，文面上明らかに異なっている点は誰もがすぐにわかる。最もわかりやすいのは，外国語活動では「聞くこと，話すこと」の 2 技能であるのが，外国語科では「聞くこと，話すこと，読むこと，書くこと」の 4 技能となっていることであろう。その他に，文面は似ていても「素地となる資質・能力」と「基礎となる資質・能力」といったレベルの差や，「相手に配慮」と「他者に配慮」といった対象の違いなど，語句が異なっていたり，内容そのものに差があったりすることに気がつく。

　しかし，言葉だけでは，これらの目標を正しく理解することはできないため，目標が設定された意図や背景などについて理解を深めることが，実際に指導に当たる教師には必要である。そのことにより，外国語活動はどのような授業を行えばよいのか，外国語科は何に留意して指導すればよいのか，中学校の英語との違いはどうなっているのか，などの視点を意識して指導計画や学習指導案を練り上げることができ，学習指導要領の趣旨の実現を図る授業へとつなげることができるだろう。なお，目標が設定された意図や背景などについては，『小学校学習指導要領（平成29年告示）解説　外国語活動・外国語編』に詳細が述べられているので参照されたい。

　以下に，小学校中学年，小学校高学年および中学校の 5 領域の目標を示す。**ルーブリック**として参照することで，例えば，小学校高学年における「書くこと」はどのレベルまでの指導を行うべきなのかなど，それぞれの目標が大切にしている内容を理解できるだろう。

〈聞くこと〉

小学校外国語活動	小学校外国語	中学校外国語
ア　ゆっくりはっきりと話された際に，自分のことや身の回りの物を表す簡	ア　ゆっくりはっきりと話されれば，自分のことや身近で簡単な事柄につい	ア　はっきりと話されれば，日常的な話題について，必要な情報を聞き取るこ

23

単な語句を聞き取るようにする。 イ　ゆっくりはっきりと話された際に，身近で簡単な事柄に関する基本的な表現の意味が分かるようにする。 ウ　文字の読み方が発音されるのを聞いた際に，どの文字であるかが分かるようにする。	て，簡単な語句や基本的な表現を聞き取ることができるようにする。 イ　ゆっくりはっきりと話されれば，日常生活に関する身近で簡単な事柄について，具体的な情報を聞き取ることができるようにする。 ウ　ゆっくりはっきりと話されれば，日常生活に関する身近で簡単な事柄について，短い話の概要を捉えることができるようにする。	とができるようにする。 イ　はっきりと話されれば，日常的な話題について，話の概要を捉えることができるようにする。 ウ　はっきりと話されれば，社会的な話題について，短い説明の要点を捉えることができるようにする。

〈話すこと［やり取り］〉

小学校外国語活動	小学校外国語	中学校外国語
ア　基本的な表現を用いて挨拶，感謝，簡単な指示をしたり，それらに応じたりするようにする。 イ　自分のことや身の回りの物について，動作を交えながら，自分の考えや気持ちなどを，簡単な語句や基本的な表現を用いて伝え合うようにする。 ウ　サポートを受けて，自分や相手のこと及び身の回りの物に関する事柄について，簡単な語句や基本的な表現を用いて質問をしたり質問に答えたりするようにする。	ア　基本的な表現を用いて指示，依頼をしたり，それらに応じたりすることができるようにする。 イ　日常生活に関する身近で簡単な事柄について，自分の考えや気持ちなどを，簡単な語句や基本的な表現を用いて伝え合うことができるようにする。 ウ　自分や相手のこと及び身の回りの物に関する事柄について，簡単な語句や基本的な表現を用いてその場で質問をしたり質問に答えたりして，伝え合うことができるようにする。	ア　関心のある事柄について，簡単な語句や文を用いて即興で伝え合うことができるようにする。 イ　日常的な話題について，事実や自分の考え，気持ちなどを整理し，簡単な語句や文を用いて伝えたり，相手からの質問に答えたりすることができるようにする。 ウ　社会的な話題に関して聞いたり読んだりしたことについて，考えたことや感じたこと，その理由などを，簡単な語句や文を用いて述べ合うことができるようにする。

第 2 章　小学校学習指導要領における外国語教育

〈話すこと［発表］〉

小学校外国語活動	小学校外国語	中学校外国語
ア　身の回りの物について，人前で実物などを見せながら，簡単な語句や基本的な表現を用いて話すようにする。 イ　自分のことについて，人前で実物などを見せながら，簡単な語句や基本的な表現を用いて話すようにする。 ウ　日常生活に関する身近で簡単な事柄について，人前で実物などを見せながら，自分の考えや気持ちなどを，簡単な語句や基本的な表現を用いて話すようにする。	ア　日常生活に関する身近で簡単な事柄について，簡単な語句や基本的な表現を用いて話すことができるようにする。 イ　自分のことについて，伝えようとする内容を整理した上で，簡単な語句や基本的な表現を用いて話すことができるようにする。 ウ　身近で簡単な事柄について，伝えようとする内容を整理した上で，自分の考えや気持ちなどを，簡単な語句や基本的な表現を用いて話すことができるようにする。	ア　関心のある事柄について，簡単な語句や文を用いて即興で話すことができるようにする。 イ　日常的な話題について，事実や自分の考え，気持ちなどを整理し，簡単な語句や文を用いてまとまりのある内容を話すことができるようにする。 ウ　社会的な話題に関して聞いたり読んだりしたことについて，考えたことや感じたこと，その理由などを，簡単な語句や文を用いて話すことができるようにする。

〈読むこと〉

小学校外国語活動	小学校外国語	中学校外国語
	ア　活字体で書かれた文字を識別し，その読み方を発音することができるようにする。 イ　音声で十分に慣れ親しんだ簡単な語句や基本的な表現の意味が分かるようにする。	ア　日常的な話題について，簡単な語句や文で書かれたものから必要な情報を読み取ることができるようにする。 イ　日常的な話題について，簡単な語句や文で書かれた短い文章の概要を捉えることができるようにする。 ウ　社会的な話題について，簡単な語句や文で書かれた短い文章の要点を捉えることができるようにする。

25

第Ⅰ部　外国語教育の理論

〈書くこと〉

小学校外国語活動	小学校外国語	中学校外国語
	ア　大文字，小文字を活字体で書くことができるようにする。また，語順を意識しながら音声で十分に慣れ親しんだ簡単な語句や基本的な表現を書き写すことができるようにする。 イ　自分のことや身近で簡単な事柄について，例文を参考に，音声で十分に慣れ親しんだ簡単な語句や基本的な表現を用いて書くことができるようにする。	ア　関心のある事柄について，簡単な語句や文を用いて正確に書くことができるようにする。 イ　日常的な話題について，事実や自分の考え，気持ちなどを整理し，簡単な語句や文を用いてまとまりのある文章を書くことができるようにする。 ウ　社会的な話題に関して聞いたり読んだりしたことについて，考えたことや感じたこと，その理由などを，簡単な語句や文を用いて書くことができるようにする。

（6）小中連携の視点

　小学校外国語教育の役割は，コミュニケーションを図る素地・基礎となる資質・能力を育成し，中学校への**円滑な接続**を図ることにある。つまり，**小中連携**が求められている。小中連携について，留意すべき4つの視点を確認しておこう。

　1点目は，「音声から文字への円滑な接続」である。小学校では，英語の音に十分に慣れ親しむ活動を大切にし，中学年の「聞くこと」と「話すこと」の活動において音声中心の指導を行い，高学年の「読むこと」と「書くこと」の基礎的な活動を経て，中学校における音声から文字への学習に接続を図ることが大切である。中学校では，英語教育の専門家である英語科の教員免許を持った教師による本格的な文字指導により，体験的な音を正しい音にする，発音矯正が行われることから，小学校段階における細かな発音指導に多くの時間を割く必要はないであろう。繰り返し英語の音に慣れ親しみ，英語の音を真似する

体験を充実させたい。

　2点目は，「小学校から中学校への連続性」である。小学校では，とにかく英語でコミュニケーションを図ることの楽しさを体験し，中学校では，小学校で学んだ内容を十分に生かし，身近な事柄についてコミュニケーションを図ることができるようにしたい。そのためには，言語活動の充実はもちろんのこと，互いの校種の学びを理解しておくことが必要である。

　3点目は，「気付きから定着を図る指導」である。小学校では，多くの活動で使用した語彙や表現の認識や語順の違いなど，児童に多くの気づきが生まれるようにすべきである。教科学習が始まる小学校高学年の段階でも，コミュニケーションの場面でそれらが知識として結びつくことが期待されているが，実際は中学校における言語活動でそれらが繰り返し活用されることで，確実に定着が図られるようになる。小学校段階で児童の気づきを止めてしまうような，教師が一方的に知識を教え込む授業は絶対に避けなければならない。

　4点目は「様々な言語活動の工夫」である。小学校は，多くの語彙や表現を受容語彙として体験することになる。中学校では，小学校で使用した語彙や表現などを，さらに複雑な意味のある文脈の中で，コミュニケーションを通して繰り返し触れることができるよう様々な言語活動を工夫することで，受容語彙から発信語彙へと高めていく。中学校で，英語運用能力を高め，英語でコミュニケーションを図る資質・能力が育成されるためには，小学校での言語活動の充実が必要不可欠なのである。

3　外国語活動・外国語科の「見方・考え方」「言語活動」

（1）見方・考え方とは

　中央教育審議会（2016：52）では，「**見方・考え方**」について，以下のように述べられている。

　　「見方・考え方」は，新しい知識・技能を既に持っている知識・技能と結び付けながら社会の中で生きて働くものとして習得したり，思考力・判断

第Ⅰ部　外国語教育の理論

力・表現力を豊かなものとしたり，社会や世界にどのように関わるかの視座を形成したりするために重要なものである。既に身に付けた資質・能力の三つの柱によって支えられた「見方・考え方」が，習得・活用・探究という学びの過程の中で働くことを通じて，資質・能力がさらに伸ばされたり，新たな資質・能力が育まれたりし，それによって「見方・考え方」が更に豊かなものになる，という相互の関係にある。

　よって，「見方・考え方」は，深い学びを促進し，生活の中でも重要な働きをするものであると言える。「見方・考え方」には教科等ごとの特質があり，教科等を学ぶ本質的な意義の中核をなすものとして，教科等の教育と社会をつなぐものであると考えるとわかりやすい。例えば，将来，働いている会社等で企画を提案する際には，各教科で身につけた「見方・考え方」を働かせることになる。事象をデータで分析し，論理的な提案を考える（数学），構想を豊かに表現する工夫をする（美術），言葉を吟味して説明する（国語）などの見方・考え方が働く。このようにして，様々な「見方・考え方」で世の中の様々な物事を理解し思考することで，より良い社会や自らの人生を創り出していくことができるのである。なお，見方・考え方については，中央教育審議会（2016）で詳しく解説されているので参考にされたい。

（2）外国語活動，外国語の見方・考え方

　前節でも触れたが，小学校の外国語活動，外国語科，中学校の外国語科，そして高等学校の外国語科においても，目標の柱書には「外国語によるコミュニケーションにおける見方・考え方を働かせて」と明記されている。学習指導要領そのものには，外国語によるコミュニケーションにおける見方・考え方についての説明に関する記述はないが，いずれの学習指導要領の解説にも，以下の通り説明されている（文部科学省，2018b：11）。

　「外国語によるコミュニケーションにおける見方・考え方」とは，外国語による
コミュニケーションの中で，どのような視点で物事を捉え，どのような考え方で思

考していくのかという，物事を捉える視点や考え方であり，「外国語で表現し伝え合うため，外国語やその背景にある文化を，社会や世界，他者との関わりに着目して捉え，コミュニケーションを行う目的や場面，状況等に応じて，情報を整理しながら考えなどを形成し，再構築すること」であると考えられる。

　よって，外国語活動と外国語の見方・考え方については，「外国語で表現し伝え合うため，外国語やその背景にある文化を，社会や世界，他者との関わりに着目して捉えること」が見方であり，「コミュニケーションを行う目的・場面・状況に応じて，情報を整理しながら考えなどを形成し，再構築すること」が考え方であると言える。文化や社会を理解すると共に，コミュニケーションの目的や場面などを考慮して，自分の考えをまとめていく力をつけることが求められているのである。

（3）言語活動

　学習指導要領の目標では，「言語活動を通して」とあることから，言語活動に関する正しい理解が必要である。まず，**言語活動**がどういう活動なのかについてであるが，外国語活動や外国語科における言語活動は，記録，要約，説明，論述，話し合いといった他教科で行われる日本語による言語活動よりは基本的なものであることは言うまでもない。学習指導要領の外国語活動や外国語科において，言語活動は，「実際に英語を使用して互いの考えや気持ちを伝え合う活動」を意味する。

　したがって，外国語活動や外国語科で扱われる活動がすべて言語活動かというとそうではなく，授業の中で言語材料について理解したり練習したりするための指導は言語活動と区別されなければならない。実際に英語を使用して互いの考えや気持ちを伝え合うというのが言語活動であり，その活動においては，情報を整理しながら考えなどを形成するといった「思考力，判断力，表現力等」が活用されると同時に，英語に関する「知識及び技能」が活用されるのである。よって，言語活動を指導する際には，以下のような点に留意すべきである（文部科学省，2018b；2020）。

第Ⅰ部　外国語教育の理論

- 相手意識と中身のある活動にするために，児童が進んでコミュニケーションを図りたいと思うような，興味・関心のある題材や活動を扱う（聞いたり，話したりする必然性のある体験的な活動を設定する）。
- 決められた表現を使った単なる反復練習のようなやり取りではなく，伝え合う目的や必然性のある場面でのコミュニケーションにする（自己選択・自己決定の場があり，伝え合うことへの意欲が高まるような場面設定や題材を選択する）。
- 活動形態は，指導者から児童，児童から指導者，また児童同士など多様な形態で活動したり，ペアやグループ，学級全体に向けた発表の場を設定したりする。
- 児童にとって身近で具体的な場面の中で，児童が本当に伝えたい内容を話したり，友達の話す内容を聞いたりする場面を設定し，「誰に」「何のために」という相手意識や目的意識をもって質問したり答えたりする必然性のある活動にする。

　これらのことに留意し，児童にとって意味のある言語活動を指導するためには，日頃からの教師の**児童理解**や**学習集団**づくりが欠かせない。児童の既習事項や表現の定着状況などの実態を把握しているだけではなく，教材・教科書に設定されている様々な活動を把握していることが重要である。また，授業の中でそれぞれの児童の特性に応じ，どの児童にはどのような質問をしたり声かけをしたりすると効果的かを配慮したやり取りができるかどうかという児童理解や指導力も必要である。また，自分の気持ちや意見を相手に堂々と伝えることや，友達の思いや話をしっかりと聞くことについては，すべての授業で共通の学習規律とした上で，外国語活動や外国語科の授業では，児童が間違いを恐れずに，安心して英語でコミュニケーションを図ることができる学級をつくっているかどうかが最重要であると言えよう。言葉は使いながら，間違えながら使えるようになるという意識が，教師と児童の間での共通理解として図られている必要があり，教師が児童の前で間違いを恐れずに，どんどん英語を使い，英語学習者のモデルとなることが大切である。このことが，言語活動の充実につながるはずである。

4　外国語活動・外国語科の「主体的・対話的で深い学び」

　「主体的・対話的で深い学び」については，文部科学省（2017）をもとに，以下でその内容を解説する。

（1）主体的な学び

　「主体的な学び」とは，学ぶことに興味や関心を持ち，自己のキャリア形成の方向性と関連づけながら，見通しを持って粘り強く取り組み，自己の学習活動を振り返って次につなげる学びである。よって，外国語活動・外国語科における主体的な学びは，以下のような学びと捉えることができる。

- 外国語を学んだり外国語によるコミュニケーションを行ったりすることに関心を持つ。
- 生涯にわたって外国語によるコミュニケーションを通して社会・世界と関わり，学んだことを生かそうとする。
- コミュニケーションを行う目的・場面・状況等を明確に設定したり理解したりして見通しを持って粘り強く取り組む。
- 自らの学習やコミュニケーションを振り返り次の学習につなげる。

（2）対話的な学び

　「対話的な学び」とは，児童同士の協働（協同），教職員や地域の人との対話，先哲の考え方を手がかりに考えること等を通じ，自己の考えを広げ深める学びである。よって，外国語活動や外国語科における対話的な学びは，表面的なやり取りにならないよう，他者を尊重して情報や考えなどを伝え合い，自らの考えを広げたり深めたりできるように留意する必要がある。

（3）深い学び

　「深い学び」とは，「見方・考え方」を活用し，知識を相互に関連づけてより深く理解したり，情報を精査して考えを形成したり，問題を見出して解決策を

第Ⅰ部　外国語教育の理論

考えたり，思いや考えをもとに構想して意味や価値を創造したりすることに向かう学びである。よって，外国語活動，外国語科における深い学びについては，以下の点について留意する必要がある。

- コミュニケーションを行う目的・場面・状況等に応じて思考力・判断力・表現力等を発揮する中で，言語の働きや役割に関する理解や外国語の音声，語彙・表現，文法の知識がさらに深まり，それらの知識を聞くこと，読むこと，話すこと，書くことにおいて実際のコミュニケーションで運用する技能がより確実なものとなるようにすること。
- 深い理解と確実な技能に支えられて，外国語教育において育まれる「見方・考え方」を働かせて思考・判断・表現する力が発揮されるようにすること。

学習課題　①　あなた自身が中学生の時に受けた外国語（英語）の授業や当時の自分の英語力を想起し，その時代の中学校外国語科の学習指導要領の目標に基づく授業が行われていたか等について，グループで話し合ってみよう。

②　小学校外国語活動，外国語科および中学校外国語科の学習指導要領を比較し，目標や内容等の違いから，それぞれの発達段階に適した指導のあり方（留意すべき点や工夫すべき点等）について，グループで話し合ってみよう。

③　あなたは年度初めの最初の授業（「授業開き」）で，児童に自分の外国語活動と外国語科の授業についてどのような説明（オリエンテーション）をしますか。英語を学ぶ理由や指導と評価の方針，授業のルール，求める姿などについて，グループで話し合ってみよう。

引用・参考文献

中央教育審議会「幼稚園，小学校，中学校，高等学校及び特別支援学校の学習指導要領等の改善及び必要な方策等について（答申）」2016年。https://www.mext.go.jp/b_menu/shingi/chukyo/chukyo0/toushin/__icsFiles/afieldfile/2017/01/10/1380902_0.pdf

文部科学省「『言語活動』の設定・『言語活動を通して』」2020年。https://www.mext.go.jp/content/20200721-mxt_kyoiku01-000008881_1.pdf,2020

文部科学省「小学校外国語活動・外国語　研修ガイドブック」2017年。https://www.mext.go.jp/a_menu/kokusai/gaikokugo/__icsFiles/afieldfile/2017/07/07/1387503_1.pdf

文部科学省『小学校学習指導要領（平成29年告示）解説　総則編』東洋館出版社，2018年 a。

文部科学省『小学校学習指導要領（平成29年告示）解説　外国語活動・外国語編』開隆堂出版，2018年 b。

第3章

小学校外国語教育の授業づくり

　　小学校の外国語の授業は，誰が設計し，誰が教えるのが良いだろうか。学級担任，外国語専科教師および ALT それぞれの特徴をふまえて，英語指導の多様性の観点から，より効果的な外国語の授業を考えてみたい。中学年から始まる外国語活動，そして高学年の外国語の授業設計の考え方やポイントに基づき，高学年での様々な活動の意図およびそこでつけたい力とは何かを考える。そして，Can-Do リストに基づくバックワード・デザイン（逆向き設計）による授業を設計していく上での留意点を学んでいこう。

1　授業内の主たる指導者は誰なのか

　近年，児童を取り巻く課題は多様化している。教師の多忙化が，その様々な問題に十分に対応できない状況をつくり出している要因の１つであるかもしれない。教育界にも，例外なく「**働き方改革**」の波が押し寄せている。では，教員の多忙化を解消する最大のねらいはどこにあるのだろうか。それは，「子どもと向き合う時間の確保」に他ならない。つまり，児童に寄り添い，小さな変化を敏感につかみながら，適時に，適切に，児童をサポートしたり，指導したりすることがいっそう必要になってきているのである。

　このような状況のもと，外国語活動・外国語科の授業において，学級担任は今後も主たる指導者としての位置づけであるべきだろうか。それとも，高学年の教科担任制が推進されていく中で，主たる指導者には外国語（英語）専科教師が位置づけられるべきであろうか。少々古いデータではあるが，2016年度の「英語教育実施状況調査」によれば，外国語活動の授業を実施するに当たり，課題に感じていることは，「教員の指導力」と「教材・教具の準備の時間」で

第Ⅰ部　外国語教育の理論

あると半数の教員が答えている（文部科学省，2017b）。さらに，学級担任の外国語活動の授業に対する意識として，88.2％の教員が「授業のおおよそのイメージをもつことはできている」と答えているが，「自信をもって指導している」と答えた学級担任は，34.6％に留まっている。さらに，「英語が苦手である」という問いに「そう思う」あるいは「まあそう思う」に答えた教員は，67.3％に上る。

　実際の公立小学校の現場においては，外国語（英語）専科教師の加配措置のない学校では，ALTがほぼ授業の中心的な存在となり，学級担任は教室の後ろで落ち着かない児童に対応したり，児童がALTの英語が理解できない時に，通訳代わりのような役割をしているといった実状も少なからず存在してきた。そのため，学級担任の外国語の指導力も伸び悩み，徐々に学級担任が主たる指導者とは言えない状況に陥ってしまうことも珍しくなかった。これらの課題は，第1章で言及したように現在でもあまり変わっていないようである（大場，2022；立野・大場，2022）。このような課題の解決のために，安定した英語力と指導内容を把握している外国語（英語）専科教師が主たる指導者となり，学級担任の困り感を支え，授業を展開していくことが解決策の1つとなりうると考えることは当然の流れであろう。

　一方で，児童の様子や学びの発達段階をきめ細かく考慮できるのは学級担任であり，児童との深い信頼関係で結ばれているのも学級担任であることに間違いない。外国語活動・外国語科の授業でのみ児童と関わりを持つ外国語（英語）専科教師では，児童が抱える課題に十分に寄り添えない場合も考えられる。このように，それぞれ立場や役割の違う者同士が，それぞれの良さや特徴を把握し，情報を十分に共有し合いながら，外国語活動・外国語科の授業が展開していくことが大切であり，それぞれの特徴を生かした授業展開ができる**マネージメント力**が教師に求められているのであろう。このような視点から，主たる指導者は学級担任であるべきか，あるいは外国語（英語）専科教師であるべきかという白か黒かの問題ではなく，授業を豊かに展開していくためには，それぞれが持つ特徴を理解し，生かしながら，どの指導者も場面によって主となり，児童の言葉の学びを相乗効果的に豊かにしたいものである。

2 学級担任，外国語（英語）専科教師および ALT の特徴と役割

　ここでは，外国語活動・外国語科の授業における指導者である，学級担任，外国語（英語）専科教師（外部人材含む），そして ALT の強みや課題について考えてみたい。表 3 - 1 にまとめられていることは，あくまでも一般的な視点であり，英語が得意な学級担任もいれば，外国語（英語）専科教師であっても指導力不足を感じている場合もあるはずである。

表 3 - 1　英語指導者の特徴

	メリット	デメリット
学級担任（英語免許状を持たない小学校教員）	・授業外での関わりが多く，児童との心的距離が近いため安心感を与えられる。 ・児童の英語力や習得状況を把握しやすく，適宜評価を与えやすい。 ・個々の抱える英語以外の課題を把握し，個に合った足場をかけ，配慮を柔軟に行いやすい（配慮児童等へ）。 ・児童の理解度に合わせて柔軟に指導内容を調整しやすい。 ・他教科や行事との横断がしやすい。 ・学級の実態に合わせた指導計画を作成しやすい。 ・英語学習者のモデルとなる。 ・保護者の意向をつかみやすい。	・英語力（特に発音や発話）に自信のない人が多い。 ・授業中に臨機応変に英語でのやり取りを進めることに困難を感じる場合が多い。 ・準備や打ち合わせ等の時間的な余裕がほとんどない。
外国語（英語）専科教師（中学・高校の教員・地域人材含む）	・安定した英語力がある。 ・英語を使用した授業展開が可能になりやすい。 ・指導計画を立案しやすい。 ・ALT との打ち合わせがスムーズにいきやすい。 ・学級担任よりも時間的な余裕がある。 ・複数の学級を受け持つことで，自身の指導法を客観的に見ることができ，授業改善に役立つ。	・児童との心的距離がある。 ・多数の児童を指導することによる個々の状況把握が難しい。 ・児童の発達段階の理解不足。
ALT	・自然で英語らしいリズムで英語を使用することができる。 ・標準的な発音を身につけている。 ・英語でのやり取りを長く継続できる。 ・存在そのものが異文化を紹介することになる。	・多数の児童を指導することによる個々の状況把握が難しい。 ・児童の発達段階の理解不足。

出所：小学校英語教育学会20周年記念誌編集委員会編（2020），久埜他（2006）および語学教育研究所（第10研究グループ）（2010）をもとに筆者作成。

3　英語の指導方法の多様化

これまでは主に指導体制や指導者の特徴についてまとめてきた。他教科と比較してみると，例えば，算数の授業において，学級担任，算数の専科教師（中学・高校の教師を含む）および外部講師（地域人材含む）など様々な立場の指導者が１つの算数の授業に関わる機会は，年間どれだけあるだろうか。まずないといってよい。総合的な学習の時間においては，地域人材の活用が盛んに行われてきたが，他教科ではあまり考えられない指導体制であるだろう。

英語は，「英語力」という技能的要素がとても強い教科であるため，様々な人材を活用しながら１つの授業を多方面からカバーしていくねらいがあると思われる。特に小学校の５年生と６年生で週２時間の英語の授業を，学級担任が主となり，授業内容にまで踏み込み，さらには，指導技術も向上させながら行うことは，大変な負担であるだろう。その課題を克服するためにも，**ALT** や中学校・高等学校の英語教員，**地域の英語が堪能な人材**，さらには**海外からの留学生**を非常勤講師等の立場やボランティアとして学校現場に入ってもらうことは，今後も盛んに推進されていくであろう。

このような指導体制の多様化により，英語の指導方法も必然的に多様になるだろう。このことは，新たな英語の学び方や多様な学び方が教育現場に取り入れられていくという点においては大変重要である。しかしながら，英語の授業における指導者それぞれの役割が不明確になりやすく，英語力に自信のない学級担任が，外国語（英語）専科教師などに遠慮がちになり，学級担任の特徴が十分に発揮されない場面が多々見られることも現実である。さらに，**JET**（The Japan Exchange and Teaching Program）**プログラム**の ALT の多くは，教員免許を取得しておらず，大学等を卒業したばかりで英語指導経験もほとんどない場合が多い。それにもかかわらず，これまで ALT が主となって授業を展開しなければいけない状況がないとは言いきれなかった。つまり，英語の指導内容や指導方法の違いによる学びの質の格差が生まれてきたことも現実である。

2020 年度より高学年での英語の学びは「教科」と位置づけられ，教科用図

書（教科書）が採択・使用することにより，その学びの質の格差をある程度是正することは可能となった。今後は，教科書や付属の指導書の内容のみを扱う指導者と，その教科書を子どもの実態に合わせながら，出口を見据え，どのような「英語力」を身につけてもらいたいかを明確にしつつ，デジタル教科書も効果的に使用し，日々の授業改善に取り組む指導者との間で教育効果に大きな差が出るかもしれない。つまり，指導方法，指導観，指導技術などのより直接的な形で，指導者の考え方や取り組み方が，子どもたちの英語の学び方に大きな影響を与えると推測できるからである。

4　出口を見据えた児童につけたい英語の力とは

　ここまで指導者や指導方法に関して考察してきたが，小学校中学年と高学年の児童に対する外国語教育の内容は一体どのようになるのであろうか。以下に示す内容は，久埜（2018）をもとにものであり，その内容は児童の特徴を生かしたものであるだろう。また，中学年は「目指す子どもの姿」とし，高学年は教科であるため「つけたい力」と記している。

　①中学年の外国語学習で目指す子どもの姿
- 英語の歌を歌ったり，**ライム**（同じ音や非常に近い音が繰り返し取り入れられている短い文章）を覚えたりするのが好きな子ども。
- 英語の話を聞くことの好きな子ども。
- 英語で話しかけられたら，たじろがずに答えようとする子ども（どんなに子どもらしいカタコトでもかまわない）。
- 聞こえてくる英語がわからなくても，聞き続けようとする子ども。
- 自分の英語を振り返り，上手になっているところに気づいたり，修正したいところに気づいたり，自分で工夫しようとする子ども。

　②高学年の外国語学習でつけたい力
- 英語を聞き続け，理解できた部分を総合して，大意を把握する力。
- 英文のストレス（強弱）から生まれるリズムに順応しようとする力。
- 英語の音をよく聞き，素直に，正しく真似て，英語らしい音で表現する力。

第Ⅰ部　外国語教育の理論

- 覚えた英語が文字化されていれば，その音を頼りに音読しようとする力。
- 英語のルール（語順など）に気づいた時に，試してみようとする力。
- 英語のルールについて，新しい気づきが起こった時に，自分で応用して試そうとする力。
- 英語を聞いて，自分の英語との違いに気づき，修正する力。

　これらの中学年と高学年での目指す出口の姿や英語の力が，以下の中学校での学びにつながると考えている。

- 初めて手にするテキストに，たじろがない。
- 初めて目にする英文に，抵抗感がなく，初見でも読もうとする。
- 音読することを楽しむことができる。
- リズムを取りながら，英文を暗記したり，動詞の活用を覚えたりする。
- 英語で問いかけられたら，単語ではなく，英文で応えようとする。

　上記に示している目指す姿，つけたい英語の力を見ると，単語力をつけるとか，英文の語順を身につける，などといった表現では表されていない。しかしながら，例えば，英語の音を真似てみたり，正しく音声化したりすることを楽しむことのできる児童は，その後の文字を読む際に身につけた音韻認識力を発揮して単語や英文を読もうとしたり，正しい音のリズムになれている児童ならば，英語の語順に対して理解が深まることも期待できるだろう。

　では，実際に出口を見据えた児童につけたい英語の力を実現するためには，どのように授業を設計していくと良いだろうか。「バックワード・デザイン（逆向き設計）」という考え方が小学校英語教育にも浸透しつつある。文部科学省（2017）の「小学校外国語活動・外国語研修ガイドブック」においては以下のように明記されている。

　　単元を構成する際，まず大切となるのが，ゴールの明確化である。ゴールを明確にすることで，指導者自身が，終末で目指す児童の具体の姿，つまり単元を通して児童に身に付けさせたい力をイメージすることができ，目標の実現に向けての必要な手立ても見えてくる。ゴールが決まれば，そこから逆算して（バックワード・デザイン）1時間ごとの目標を定め，活動を組み立て

第 3 章　小学校外国語教育の授業づくり

ながら単元を構成していく。その際の拠り所となるのが、目標に示された 3 つの柱（資質・能力）である。

　つまり、各学年のゴールを設定（Can-Do リストを作成）したら、そのゴールを達成するために 1 年間、1 単元そして 1 単位時間で必要となる題材、教材および活動を考え、ゴールから逆算して授業を設計していくが重要である。Can-Do リストとは、技能・能力を「○○することができる」の形で述べた能力記述分を一覧表にしたものである。図 3 - 1 は、新潟県立教育センター・英語教育推進チームが提示している「小学校外国語科にバックワードによる基本的な単元デザインのイメージ図」をもとに、実際に、『Blue Sky elementary 6』（啓林館）の「Unit 6 I enjoyed school.」の単元構想をバックワード・デザインで作成したものである。[1]

　なぜバックワード・デザインの考え方が大切なのかというと、それは、各単元・単位時間内での指導内容や学びの方法が、どのような意図やねらい、どのような英語の力、つまり目指す姿にどのようにつながっているのかを明確にしているからである。これまでの小学校英語は、「この活動は何のために行っているのか」や「いったい子どもたちにどのような英語の力を身につけてもらいたいのか」が十分に議論されることなく、単に英語嫌いをつくらない、楽しくゲームを行って英語に触れることができれば良い、といった考え方が主流の時代があり、それが今でも学校現場には残っていることも多い。タスク（Task：最終パフォーマンス課題）の達成に必要な活動か不必要な活動かを吟味しなければならない。

　では、授業を設計する時に外せないポイントとは何だろうか。45 分間の外国語（英語）授業をデザインしていく際、ある程度の授業展開の型を求める指導者も多いだろう。しかし、その型が子どもの実態に合わせて、そして、指導者の意図することやつけたい英語の力によって、常に柔軟に変更可能な「型」

---

(1)　2020 年度版の『Blue Sky elementary 6』を使用しているが、2024 年度版においても「My favorire memory is the school trip.」としてなど、同様の内容の単元は設定されている。

第 I 部 外国語教育の理論

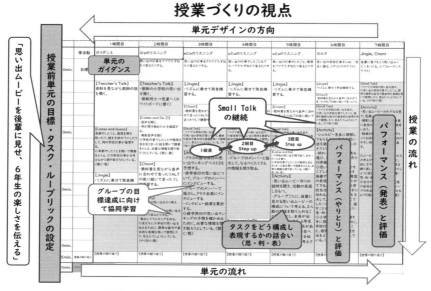

図3-1 バックワード・デザインによる単元構想
出所：新潟県立教育センター「小学校外国語科 CAN-DO リストを活用したバックワードデザインによる授業づくりパンフレット」をもとに筆者作成。

でなければならない。なぜなら授業を展開することだけに終始してしまい，児童の意識や学びの進度などを無視し，教師の都合で授業を展開してしまう危険性をはらんでいるからである。そこで，以下にその「型」を柔軟にするための潤滑油の役割を果たすポイントをまとめた（語学教育研究所（第10研究グループ），2010）。

- 指導目標を明確にし，ターゲットになる言語材料は，なるべく1つに絞る。
- そのターゲットになる言語材料を扱った「意味のあるやり取り」が生まれる。
- 展開を2〜3つ入れる（発展的な活動を含む）。
- 授業にストーリー性を持たせる。
- 今行っている活動を次の活動へと展開させる時には，子どもが話題の内容を理解し，イメージしやすいように，題材の関連性を大切にする。

第3章　小学校外国語教育の授業づくり

- 十分にターゲットになる言語材料の「音」や「リズム（語順）」が子どもたちの中にインプットされない限り，ペア・ワークやグループ・ワークは行わず，先生との「やり取り」を充実する。
- 「評価（feedback）」は，子どもらしさ，子ども自身の考え，子どもが自ら動き出したことでできたこと，子どもの中から出てきたことを教師が捉えて，評価する。

5　「子どもの心の動き」をつくる授業展開のポイント

　児童が英語の学習に対して前のめりになるためには，そこに学びの意味や「言いたい，聞きたい，読んでみたい，書いてみたい」という心の動き（動機）が大変重要になる。もちろん単語や表現を繰り返し言う練習が必要な時もあるが，児童が言いたい気持ちになっているかどうか，という点において疑問に思う場面が多々見られることも現実である。

　例えば，授業中によくペア活動を仕組む場合がある。ではこのペア活動は何のために行うのであろうか。覚えた表現の練習時間の確保のためだけのペア活動になっていないだろうか。表現を言うことは上手になったとしても，本来の「意味のあることばのやり取り」を実感することはできず，やらされている感覚を持ったり，表現が与えられた以上のことには膨らまず意味的に痩せたものとなり，徐々に日本語が増え，日本語で伝え合った方が意味的に深まるため英語を使う気持ちになりにくい，という状況になることも少なくない。つまり，児童を巻き込んだ「真実味のある意思の伝え合い」が大切になってくる。

　新井（2020）は，すでにお互いが何を聞き合うのかわかりきっている場面においては，疑似体験的な英会話練習に陥りがちになり，学年が上がれば上がるほど，教師の都合に合わせようとする心の動きが生まれやすいため，自分たちで英語を使おうとする気持ちにブレーキがかかってしまうと述べている。その場面自体が，本当に児童にとって「聞きたい，話したい」というワクワクする心の動きをつくり出す場面となっているかどうか，授業設計をする時には，何度も立ち止まって考えてみたい。

第Ⅰ部　外国語教育の理論

　本章の最後に，指導者として，授業を展開する基盤になる考え方の1つを取り上げたい。それは，「子どもには，自らことばを学びとる力がある」ということである。赤ちゃんが**母語**を習得していく過程において，まず，身近な人や周りの大人の口の動きを見ると言われている。それは顔の表情の中で一番よく動くからである。その口の動きから発せられる「音」のリズムを受け取りながら，その母語が持つ音の流れを身につけていく。誰かに事前にその身につけ方を教わるわけではない。子どもの内部では，日々とてつもない言語習得のドラマが進行し，外からの刺激としての言葉をそのまま機械的に写し取っていくのではなく，自分の活動を通し，選択的・自主的に使い始めるようになる（岡本，1982）。自己流のルールをつくり出したり，学んだルールを他のことにも応用しようとしたり（過剰一般化）する。したがって，まちがうことも多い。これも子どもが持つ「自らことばを学ぼうとする力」であろう。

　上記の母語の習得過程については，概ね異論はないだろう。では，ある程度認知的にも，言葉の発達も進んでいる日本人小学生にとって，外国語として学ぶ英語という言葉の学び方についてはどう考えると良いだろうか。子どもにとって，英語はほとんど知らない言語であり，その学習はほぼゼロからのスタートであるため，教師や大人が教えなければ理解できないものであると考えるかもしれない。では，次に紹介する事例は，どのように説明すればよいのであろうか。

　小学校の子どもたちの英語の語彙量を測るため，久埜（1999）は1980年代初頭に，当時4年生のクラスで語彙調査を行った。無罫のノートを与え，見開きページごとにアルファベット文字を1つずつ書かせ，そこに「英語だと思う」単語を探して，頭文字を類推してその文字の見開きページに絵で描いてくるように指示をした。そこでつづりを書かせなかったのは，正しい発音が身についていない場合も考えられるため，正しい音が身についていない段階に書かせることの弊害を考えたからだと述べている。B, S, T などのページの語彙の豊かさは予想をはるかに超えるものであったそうだ。判別できない絵や can や must などの表現しきれない単語を除いて，総計1,096英単語が集まった。ジャンル分けをすると，数や色などから季節，月の名前もあり，スーパーで，

42

海辺で，遠足で，農場で，といった子どもの実生活に近い場面からの語彙も多数あったようである。現在，ICT 機器，インターネットなど1980年代には考えられないスピードで情報が増加している中で生きる子どもたちは，1,096語以上の英単語を知っていることは確実であろう。つまり，教室外で，生活の中で無意識のうちに様々な英語に触れており，その意味もよく理解している場合が多いと言える。発音は，日本語のカタカナ音になる場合がほとんどかもしれないし，正しく読んだり書いたりはできないことが多いだろう。しかし，英語らしい音で子どもたちがすでに知っている英単語を聞くと，瞬時に意味が理解できることが多いのである。

　小学校において英語の授業を展開する時，指導者が時折忘れがちになることの１つは，前述した子どもは自ら言葉を学ぶ力を持っているということである。上記の語彙の例からも言えることは，授業を展開していく中で，まず子どもが知っている多くの語彙を豊かに，意味のある場面で活用しながら，子どもと英語で「やり取り」をすることから始めることが可能である。あれもこれも教えてからの「やり取り」ではなく，初めから英語という言葉を通じて，子どもたちと言葉のキャッチ・ボールをしてほしい。すぐさま，子どもの推測力や理解力に驚くことだろう。

学習課題　①　小学校の中学年と高学年の発達上の相違に関して，本章の内容以外で気づいたことなどを，グループで話し合ってみよう。
　　　　　　②　バックワード・デザイン（逆向き設計）による単元計画と毎時間の授業計画の作成に関して，それぞれのメリットとデメリットをグループで話し合ってみよう。

引用・参考文献

新井謙司「授業づくりの視点と指導案の書き方」泉惠美子・小泉仁・築道和明・大城賢・酒井英樹編『すぐれた小学校英語授業——先行実践と理論から指導法を考える』研究社，2020年，126～131頁。

大場浩正「小学校外国語活動・外国語の授業改善に向けて——外国語担当教員と外国語専科教員の意識」『上越教育大学研究紀要』第42巻，2022年，155～164頁。

岡本夏木『子どもとことば』岩波書店，1982年。

第Ⅰ部　外国語教育の理論

久埜百合『こんなふうに始めてみては？　小学校英語』三省堂，1999年。

久埜百合「Let's Try! & We Can! と小学校英語のこれから」岐阜県高山市教育委員会主催
　　小学校英語研修資料，2018年。

久埜百合・佐藤令子・永井淳子・粕谷恭子『ここがポイント！　小学校英語』三省堂，2006
　　年。

語学教育研究所（第10研究グループ）『語研ブックレット3　小学校英語1　子どもの学習
　　能力に寄り添う指導方法の提案から』一般財団法人語学教育研究所，2010年。

小学校英語教育学会20周年記念誌編集委員会編『小学校英語教育ハンドブック――理論と
　　実践』東京書籍株式会社，2020年。

立野莉沙・大場浩正「新学習指導要領による小学校外国語活動・外国語に対する教員の意識
　　と課題――インタビュー調査を通して」『上越教育大学教職大学院研究紀要』第9巻，
　　2022年，32～42頁。

文部科学省「小学校外国語活動・外国語　研修ガイドブック」文部科学省，2017年a。https://
　　www.mext.go.jp/a_menu/kokusai/gaikokugo/__icsFiles/afieldfile/2017/07/07/1387503
　　_1.pdf

文部科学省「平成28年度『英語教育実施状況調査』の結果について」2017年b。https://
　　www.mext.go.jp/a_menu/kokusai/gaikokugo/1384230.htm

第4章

小学校外国語教育の評価

21世紀に入って小学校に外国語教育が比較的新しく導入されたこともあり，小学校外国語活動・外国語科の指導者が最も難しいと思うことの1つは評価であろう。指導した内容が身についたかどうか，目指す姿に到達したかどうか等，指導した児童の英語力をどのように測るか。「指導と評価の一体化」を目指したパフォーマンス課題による評価，形成的評価，総括的評価，自己評価，相互評価等の評価方法，5領域を3観点で評価する場合の評価規準や単元の指導計画および評価計画など，評価に関して学ばなければならないことは多岐にわたる。本章では，学習指導要領の趣旨を実現するための指導と評価のあり方について検討しよう。

1　学習評価

（1）学習評価のあり方

学習者である児童やその保護者にとっては，「学習評価」＝「通知表の成績」いうイメージであろう。しかし，**学習評価**とは，学習者の学力を通知表や指導要録に記入するためのものではなく，目の前の児童の実態に応じた目標を設定して授業計画を立て，それを達成させるための指導を行い，その指導の成果を確認して**指導改善**に反映させるためのものである。そのため，学習評価のあり方を理解しておくことはきわめて重要である。現行の学習指導要領（2017〈平成29〉年告示）に合わせて作成された「学習評価の在り方ハンドブック（小・中学校編）」（国立教育政策研究所教育課程センター，2019）では，「学習評価」について次のように説明している。

第Ⅰ部　外国語教育の理論

　　学習評価は，学校における教育活動に関し，児童生徒の学習状況を評価するものです。「児童生徒にどういった力が身に付いたか」という学習の成果を的確に捉え，教師が指導の改善を図るとともに，児童生徒自身が自らの学習を振り返って次の学習に向かうことができるようにするためにも，学習評価の在り方は重要であり，教育課程や学習・指導方法の改善と一貫性のある取組を進めることが求められます。

　　国立教育政策研究所がこのハンドブックを作成した最大の要因は，学習評価方法の変更であろう。学習指導要領の改訂により，従来の「関心・意欲・態度」「思考・判断・表現」「技能」「知識・理解」の4つの観点が，「知識・技能」「思考・判断・表現」「主体的に学習に取り組む態度」の3つの観点に整理・変更されたため，学校現場では，学習評価の観点や評価規準など，学習評価そのものについて研修することが求められた。さらに，実は学校現場において学習評価があまり適切に行われていないのではないか，ということも要因の1つと考えられる。これまでの学習評価は，以下のような点が課題となっており，ほとんどの教師が思い当たる節があると言っても過言ではないだろう（中央教育審議会，2019）。

- 学期末・学年末等，事後での学習評価に終始してしまうことが多く，児童の**学習改善**につながっていない。
- 授業中の挙手の回数や宿題の提出率などが，「関心・意欲・態度」の観点となっている。
- 教師や教科によって学習評価の方針が異なる。
- 教師が学習評価のための「記録」に労力を割かれている。
- 相当な労力をかけて通知表・指導要録を作成している。

（2）指導と評価の一体化

　　これまでも，学習評価が単なる成績づけのために行われる，いわゆる「評価のための評価（成績をつけるための評価）」に終わることのないよう，「指導と評価の一体化」を図ることの重要性が指摘されてきた。「**指導と評価の一体化**」

とは，言葉通り，指導と評価は別物ではないということである。学校において教育活動は，計画，実践，評価という一連の活動が繰り返されながら，児童のより良い成長を目指した指導が展開されるべきであり，評価の結果によって後の指導を改善し，さらに新しい指導の成果を再度評価することが重要である。このように指導に生かす評価を繰り返しながら指導を行っていくことを「指導と評価の一体化」という。指導と評価の一体化は，目標に準拠した評価が基盤となる。目標に準拠した評価は，児童一人ひとりの学習の進捗状況や教科の目標の実現状況を的確に把握し，学習指導の改善に生かすことに適している評価であり，指導と評価の一体化に馴染んだ評価方法であると言える。

　現行の学習指導要領においても，評価は「**集団に準拠した評価**」（いわゆる相対評価）ではなく，「**目標に準拠した評価**」（いわゆる絶対評価）による評価で観点別に学習状況を評価し，各教科の学習状況を総括的に評価する「評定」を行うことになっている。学習指導要領の趣旨の実現のためには，学習指導要領に示された目標に準拠した指導と評価の一体化が推進されることが不可欠であり，学習評価を評価のための評価に終わらせることなく，指導の改善に生かすことによって指導の質を高めていくことがいっそう重要となる。

（3）形成的評価と総括的評価

　学習評価には，主に「**形成的評価**」と「**総括的評価**」の2つの評価がある。形成的評価は指導の途中でそれまでの成果を把握し，その後の学習を促すために行う評価のことであり，その性質から「**記録に残さない評価**」とも言われる。それに対し，総括的評価は学期末や単元末に児童が目標をどのくらい達成したかを確認するための評価であり，「**記録に残す評価**」とも言われる。

　形成的評価は，単元・題材などの教育活動の途中に行う評価である。形成的評価の方法は様々であるが，授業中における児童の発言の内容やノートの内容（問題解決の状況など）から児童の理解度や定着度を把握するといった，観察による評価が主流である。その他に，授業終盤のまとめや振り返りの記述の内容やまとまりごとに実施するテストやワークシート，レポート等で行うこともある。児童がどの内容についてどこまで目標を達成しているのか，どこでつまず

第Ⅰ部　外国語教育の理論

いているのかなどの情報を得ながら，個々に指導・助言をしたり，評価を
フィードバックしたりすることにより，児童は自分自身の習熟度を知り，学習
活動を調整できるのである。この学習評価が，児童の主体的に学習に取り組む
態度を育成することになることから，現行の学習指導要領においては，形成的
評価の重要性が強調されている。また，形成的評価では，その活動が当初の目
的を達成しつつあるのか，また，どのような点で軌道修正が必要であるのかな
どの情報，つまり教師が自分自身の指導方法についての評価を単元の指導の途
中で入手することにより，単元の指導計画や指導方法などの改善につなげるこ
とができるのである。

　総括的評価は，単元，学期，学年などある一定期間の学習が終了した後，児
童の目標の達成状況を総括的に明らかにする評価であり，通知表等に記載され
る評価になるものである。しかしながら，形成的評価や診断的評価（後述）と
厳密に区別されるものではない。というのは，単元終了後の総括的評価は，そ
の単元が大単元の中の１つなのか，別の新しい単元が次時に続いているかに
よって，形成的評価になったり診断的評価になったりするからである。つまり，
大単元の中の１つの評価と考えれば形成的評価にもなるし，単元ごとに見れば
次の単元の診断的な評価にもなる。

　さらに，「個人内評価」や「診断的評価」という評価も，学習指導において
適切に行われる必要がある。個人内評価は，準拠対象を児童自身に置き，個人
内の変化を評価するものである。この評価には，以前の学習に比べてどれだけ
高まったか，どれくらいできるようになったかという個人の変容を時系列的に
捉える評価と，現在身につけている資質・能力の中でどれが優れているかとい
う個人の学習状況を同時期的に捉える評価などがある。いずれにしても，個人
内評価は児童の良い点や可能性，進歩の状況などを積極的に評価し，自ら学ぶ
意欲の向上や個性の伸長などに生かし，児童の自己実現に役立てようとするも
のである。

　また，診断的評価は，学年初めや単元の学習を始める前に，その学年やその
単元の内容を習得するために必要な知識・技能を，児童が身につけているかど
うかをレディネステスト（readiness test）などによって診断する評価である。

48

第 4 章　小学校外国語教育の評価

評価結果をもとに**年間指導計画**や**単元指導計画**を変更したり，評価結果を適宜，児童に**フィードバック**し，児童に身についていない知識・技能が判明した場合は補充的な学習を行ったりすることで，目標を達成できるように指導することが求められる。

（4）学習評価の充実

　学習評価をより充実させるためには，評価の方針等を児童と共有すると良い。学習評価の方針を事前に児童と共有する場面を設けることで，学習評価の妥当性や信頼性を高めると共に，児童自身が学習の見通しを持てるようになる。

　例えば，単元・題材の導入時に，単元のゴールを明確に示し，評価規準とその基準を伝える。Ａ基準とＢ基準の具体的な姿を教師と児童が共有することにより，児童は見通しを持って学習に取り組むことができ，授業の振り返りの視点も明確になることから，自らの学習の状況を確認しながら単元・題材の課題に取り組むことができるようになる。また，児童がより主体的に学習に取り組めるよう，Ｂ基準のみ示し，Ａ基準の具体的な姿を児童に考えてもらうことも有効である。その他，児童の学習を調整する力やメタ認知力を引き出せるよう，評価規準・基準をもとに児童が振り返る場や自己評価をする場を設定することも，学習評価のさらなる充実につながる。

　このように，学習評価は児童の学習改善につながるものにしていくこと，それと同時に，教師の指導改善につながるものにしていくことが重要であり，学習評価を充実させることが，児童の主体的な学びには必要不可欠なのである。

2　自己評価

（1）ねらいとまとめ，振り返り

　学習指導要領に定められている目標に準拠し，「学習によって何が身に付いたか」や「外国語を用いて何ができるようになったか」について評価をすることが重要である。外国語については，「聞くこと」「話すこと［発表］」「話すこと［やり取り］」「読むこと」そして「書くこと」の5つの領域があり，それぞ

第Ⅰ部　外国語教育の理論

れの領域について，評価を行うことが必要である。

　指導者にとっては，個々の児童の実態を5領域で適切に評価することには大変な労力が必要となるが，児童にとっては，外国語を用いて何がどのレベルまでできるようになったかという視点で**自己評価**をすることは，5領域の観点があることにより，適切に評価しやすくなると思われる。到達目標やその基準の具体的な姿がきちんと児童に示されていれば，児童はその目標に準拠し，自身の学習状況や実態を照らし合わせて，適切に評価をすることができるはずである。

　これまでも学校現場では，授業の終盤に，本時の授業の振り返りの場を設けていたが，実際は，振り返りの場を設定しているだけで適切な指導が欠如しており，児童の学習改善に役立つ振り返りが行われているとは言い難い様子が多くあった。以下に，実際によく行われていた授業終盤の振り返りを示す。

- 児童が達成感に応じてニコニコマークなどを塗りつぶすだけの振り返り。
- 評価規準が示されていない，ＡＢＣ等の三段階評価による振り返り。したがって，学力の高い児童が控えめにＢ評価をつけたり，自分に甘い児童がＡ評価をつけたりすることもある。
- 授業の感想をただ記入させるだけの振り返り。したがって，ほとんどの児童が，「楽しかった」や「頑張った」など情緒的なことばかり記述する。
- 教師の適切なフィードバックが全くなく，検印やサインのみである（「見ました」「点検済」「Good」などのスタンプなど）。
- 授業中に場を設定しない（宿題等による）児童任せの振り返り。

　学習指導要領の資質・能力の3つの柱の1つであり「学びに向かう力，人間性等」を「主体的に学習に取り組む姿」として評価をしていくことを考慮すれば，振り返りの場で自己評価を取り入れることは大切である。自己評価も学びの一部であることを，まず教師がしっかりと認識し，児童が適切に自己評価できるように，以下のような工夫をする必要があるだろう。

- 振り返り方の指導
- 評価規準や基準の提示
- 工夫した振り返りシートの作成

第 4 章　小学校外国語教育の評価

- 記入のための十分な時間の確保
- 児童個々へのフィードバック
- クラス全体での自己評価の共有（良い表現や観点を褒めるなどの指導）
- 自己評価と相互評価を取り入れた単元指導計画

（2）自己評価のあり方

　教師が児童の学習状況を把握するために，児童が自己評価を行うという考え方は，前述の評価のための評価と同じであり，児童の学習改善や教師の指導改善につながらない。

　本来の自己評価とは，授業の振り返りや自己評価を児童の学習活動そのものとして位置づけ，児童自身の評価能力を高めていく役割を持つものとして，児童が進んで行うように指導をしていかなければならない。児童が繰り返し自己評価を行うことで，**メタ認知能力**や**自己評価能力**を育成することが重要である。学習到達目標に準拠し，これまでの学習を自ら振り返り，次の学習課題を見出し，自分の学習状況を評価できる自律した学習者になることが，21世紀社会を生き抜くための資質・能力を身につける上で必要である。

　また，自己評価能力を育成していくことは，教科の基礎・基本の確実な定着を目指す教科の学習のあり方にも大きな影響を及ぼす。というのは，児童自身が「知識・技能」や「思考・判断・表現力」等を自ら評価していくことにより，他者との交流の中で**相互評価**等を行うことを通して，自分の中にある「主観的かつ個人的な評価規準」そのものを発展的に見直すことにつながるからである。教師が単元の中で授業における児童間の交流の場を適切に設定し，児童が評価規準・基準をもとに自己の目標を設定し，自己の評価規準をつくるような指導を行うことが，自己評価能力を育成するために有効である。したがって自己評価活動を指導と評価計画の中に適切に位置づけておく必要がある。また単元を貫いて自己評価ができるよう，単元の目標や Can-Do リスト，ルーブリック（後述）などを掲載した自己評価カードなどを用意し，活用するなどの工夫は大変有効である。

　なお，英語の授業では，ペアやグループなど様々な形態で**協同的に学習**する

第Ⅰ部　外国語教育の理論

場面が多くあり，相互評価を行う場面を設定することは比較的容易である。相互評価によって，互いの考えや意見，表現方法を交流し合い，仲間の考え方やものの見方がわかることで，自分の良さや自分らしさが見えてきたり，仲間の良さを自分に取り入れ，新たな意欲へとつなげていくことができたりするなど，相互評価は，児童の学習を深めることができる。仲間であるからこそ，教師をはじめ大人から受け取るアドバイスや示唆とは違い，自分も相手も良くなろうという互恵的なアドバイスが可能となるのも相互評価の大きな特徴であるだろう。しかし，児童は客観的に物事を捉えることを苦手とする傾向があるため，自分と仲間の考えとの相違点を見つけるための工夫，仲間の良さを良さとして認識する工夫，仲間の学習の成果を自分の学習に反映させる工夫など，教師が指導の「手立て」を工夫する必要があることに留意が必要である。また，自己評価と相互評価の評価内容に大きな差異が生まれないよう，児童が評価規準を確実に理解することも必要である。相互評価のポイントを明確化したチェックシートを用意し，活用するなどの工夫も重要であろう。

（3）Can-Do リスト

　Can-Do リストとは，**学習到達目標**のことである。現行の学習指導要領では，学習指導要領における目標等に基づき，英語を使って何ができるようになるかについて，学習到達目標を Can-Do リスト型で示すことが求められている。学習到達目標を，「○○することができる」という形で設定することで，児童の育成したい英語の能力を明確にすること，指導と評価の改善や個に応じた指導の充実を図ることがねらいである。

　表4-1は，文部科学省検定教科書『NEW HORIZON Elementary 6』（東京書籍）の指導者用資料にある「Unit 4 Let's see the world.」の Can-Do リストの例である。後述のルーブリックと比較し，それぞれの役割を把握し，適切に指導に活用することが望ましい。

（4）ルーブリック

　ルーブリックとは，成功や達成の度合いを示す数レベル程度の尺度とそれぞ

第 4 章　小学校外国語教育の評価

表 4 - 1　Unit 4 の Can-Do リストの例

聞くこと	行きたい国とその国の魅力についてのやり取りや発表を聞いて，話の概要を捉えることができる。
話すこと[やり取り]	行きたい国とその国の魅力について，たずねたり伝えたりすることができる。
話すこと[発表]	行きたい国とその国の魅力について，内容を整理したうえで話すことができる。
読むこと	行きたい国とその国の魅力について書かれた文で，音声で十分に慣れ親しんだ語句や表現の意味が分かる。
書くこと	行きたい国とその国の魅力について伝える文を，例文を参考にして書くことができる。

出所：東京書籍（2023b：3）。

れのレベルに対応するパフォーマンスの特徴を示した記述語（評価基準）からなる**評価基準表**である。

　教師が単元指導案を構想する際に，単元のねらいや目標，児童の実態に応じて，単元終了時における具体的な児童の姿を見取るために，パフォーマンス課題とその評価規準（5領域，3観点）を設定し，単元導入時や振り返りの際に示すことで，学習評価の妥当性や信頼性を高めるだけでなくために，児童が自らの学びを調整し，単元のねらいを達成させようとすることができる。表 4 - 2 は，『NEW HORIZON Elementary 6』（東京書籍）の指導者用資料にある「Check Your Steps 2」の評価規準・基準表（聞くこと・話すこと［発表］）である。評価規準とその基準の差などを比較し，それぞれの特徴を把握してほしい。

表 4 - 2　Check Your Steps 2 の評価規準・基準

評価規準例

	知識・技能	思考・判断・表現	主体的に学習に取り組む態度
聞くこと	〈知識〉【生き物や地球のためにできることなどを伝える表現や関連語句など】について理解している。〈技能〉生き物や地球が直面する問題や，自分たちができることについての発表を聞いて，概要を捉える技能を身につけている。	地球に対する相手の考えをよく知るために，生き物や地球が直面する問題や，自分たちができることについての短い話を聞いて概要を捉えている。	地球に対する相手の考えをよく知るために，生き物や地球が直面する問題や，自分たちができることについての短い話の概要を聞き取ろうとしている。

53

第Ⅰ部　外国語教育の理論

| 話すこと〔発表〕 | 〈知識〉【同上】について理解している。◎
〈技能〉生き物や地球が直面する問題や，自分たちができることについて，【同上】を用いて，考えや気持ちなどを話す技能を身につけている。◎ | 地球に対する自分の考えを伝えるために，生き物や地球が直面する問題や，自分たちができることについて，内容を整理したうえで，簡単な語句や基本的な表現を用いて考えや気持ちなどを話している。◎ | 地球に対する自分の考えを伝えるために，生き物や地球が直面する問題や，自分たちができることについて，内容を整理したうえで，簡単な語句や基本的な表現を用いて考えや気持ちなどを話そうとしている。◎ |

◎のついた観点・領域は，記録に残す評価を行うことを推奨する。

「話すこと〔発表〕」の評価ルーブリック例

	知識・技能	思考・判断・表現	主体的に学習に取り組む態度
A（十分満足できる）	Bに加えて，今までに学んだ簡単な語句や基本的な表現を入れて，十分に正しく話すことができる。	地球に対する自分の考えを伝えるために，生き物や地球が直面する問題や。自分たちができることについて，伝える内容や順番などを十分に整理したうえで話すことができる。	地球に対する自分の考えを伝えるために，アイコンタクトやリアクションなど相手を意識して十分に分かりやすく話すことができる。
B（おおむね満足できる）	①生き物や地球が直面する問題，②自分たちができることについて，おおむね正しく話すことができる。	地球に対する自分の考えを伝えるために，生き物や地球が直面する問題や，自分たちができることについて，伝える内容や順番などを整理したうえで話すことができる。	地球に対する自分の考えを伝えるために，アイコンタクトやリアクションなど相手を意識して分かりやすく話すことができる。
C（努力を要する）	Bに満たない。	Bに満たない。	Bに満たない。

出所：東京書籍（2023a：15）。

3　2017（平成29）年告知学習指導要領の観点に　おける評価

（1）3観点

　現行の学習指導要領では，各教科等の目標が3つの資質・能力の柱で整理されており，目標に準拠した評価を推進するために「知識・技能」「思考・判断・表現」および「主体的に学習に取り組む態度」の3観点により**観点別評価**を行うこととなっている。

第 4 章　小学校外国語教育の評価

　なお，資質・能力のバランスのとれた学習評価を行うためには，指導と評価の一体化を図る中で，論述やレポート，発表，グループでの話し合い，作品の制作等といった多様な活動を評価対象とし，ペーパーテストの結果にとどまらない，多面的・多角的な評価（パフォーマンス評価）を行うことが必要である。

（2）「知識・技能」の評価

　「知識・技能」の観点は，各教科等における学習の過程を通した知識及び技能の習得状況について評価を行う。それらを既有の知識及び技能と関連づけたり活用したりする中で，他の学習や生活の場面でも活用できる程度に，概念等として理解したり技能を習得したりしているかについて評価することと，学習指導要領に記されている。そこで，実際に指導と評価を行う際は，ペーパーテストなどにより事実的な知識の習得を問う問題と，知識の概念的な理解を問う問題とのバランスに配慮する必要がある。また，既習表現を活用して伝えたいことを表現できているかを評価するために，児童が自分の言葉（文章）により説明をする場面や，実際に知識や技能を用いる場面を設けることが必須であろう。そして，評価する際には，「伝えたいことを文として表現できているか」を視点に評価することが重要である。小学校の段階では，細かな文法規則の逸脱やコミュニケーションに支障のない程度の間違いは許容しなければならないだろう。

（3）「思考・判断・表現」の評価

　「知識・判断・表現」の観点は，各教科等の知識及び技能を活用して課題を解決する等のために必要な思考力，判断力，表現力を身につけているかどうかを評価すること，と学習指導要領に記されている。そこで，実際に指導と評価を行う際は，論述やレポートの作成，発表，グループでの話し合い，作品の制作や表現等の多様な活動を取り入れることが必要となる。そのような活動の中で，知識及び技能を活用して課題を解決するために必要な思考力，判断力，表現力等を身につけているかを評価する。外国語科においては，コミュニケーションを行う目的や場面，状況に応じて思考・判断・表現できているかを評価

55

第Ⅰ部　外国語教育の理論

することが重要であることから，言語活動を設定する際は，知識及び技能を活用して課題を解決できるように工夫したり，活動の目的や場面，状況をイメージしやすいように設定したりすることが必須であろう。

（4）「主体的に学習に取り組む態度」の評価

　「主体的に学習に取り組む態度」の観点は，知識及び技能を習得したり，思考力，判断力，表現力等を身につけたりすることに向けた粘り強い取り組みの中で，自らの学習を調整しようとしているかどうかを含めて評価すること，と学習指導要領に記されている。よって，児童が自ら学習の目標を持ち，進め方を見直しながら学習を進め，その過程を評価して新たな学習につなげるといった，学習に関する自己調整を行いながら，粘り強く知識・技能を獲得したり，思考・判断・表現しようとしているかという，意思的な側面を捉えて評価することが重要である。「粘り強い取り組み」と「学習を調整する力」の2つの側面で評価をすることが求められている。

　「粘り強い取り組み」とは，児童によるその取り組みが，教科の目標に向かっている姿かどうかを捉え，課題解決に向けて粘り強く取り組んでいるかどう評価することである。外国語科においては，コミュニケーションを行う目的や場面，状況に応じて，自分の意見や考えを思考・判断・表現をしようとしている姿を評価することが重要である。

　「学習を調整する力」とは，学習の方法面と内容面から捉えることが大切である。方法面では，学習課題の解決に向けた学びの方向を見通す姿，その方向を必要に応じて修正する姿，学習成果として何が大切か否かを振り返る姿などを評価する。内容面では，理解・表現した内容が妥当かを吟味する姿，協働して，最適解や納得解に向かう姿，問い直し，問い続ける姿などを評価する。ゆえに，主体的に学習に取り組む態度を評価するに当たっては，宿題の提出率や授業中の挙手の回数ではなく，ノートやレポート等における記述の内容や授業中の発言の中身，パフォーマンス課題への取り組み状況を評価することに留意しなければならない。また，児童による自己評価や相互評価等の状況を評価材料の1つとして用いることは，有効である。

第 4 章　小学校外国語教育の評価

4　単元の指導計画と評価計画

（1）単元の指導計画と評価計画

　実際に単元の指導計画や評価計画を作成する際は，毎時間の授業の中ですべてを見取り，評価するのではなく，単元や題材を通じたまとまりの中で指導内容と評価の場面を適切に組み立てていく。その際，教科書の指導書の内容や学習指導要領の目標に照らし合わせながら，内容のまとまりや評価規準を考え，単元全体の指導構想を練り，単元終了時のパフォーマンス課題や言語活動の内容を設定した上で，児童が目標を達成できるようにする手立てを構築することが大切である。これが**教材研究**であり，指導と評価の大前提である。

　指導計画と**評価計画**を同時に作成すると，総括的評価を考慮した評価計画に意識が傾くが，学習評価は，授業改善・学習調整のための手段であることを忘れてはならない。年間を通して目指す学習到達目標を達成させるために，それぞれの単元の目標を設定することが重要である。何よりも，学習評価で大事なことは，評価計画を作成することではなく，日々の授業を大切にし，児童一人ひとりの目標達成状況を確認し，指導改善しながら，より多くの児童が目標に到達するように指導することである。評価計画をもとに，児童一人ひとりの評価を行うことが日々の授業，指導の目的にならないように留意が必要である。

（2）評価規準（3観点×5領域）

　単元の大きな目標や題材の場面をもとに，具体的な評価計画を作成する際は，外国語科の3観点の目標と5領域の目標をかけ合わせる形で目標を考える必要がある。表4-3に，国立教育政策研究所教育課程研究センター（2020）に掲載されている内容のまとまりごとの評価規準の例を示す。これをもとに，各校の児童の実態や単元の学習内容等に応じて，年間や各学期，各単元の評価規準を作成すると良いだろう。

　3観点×5領域の評価規準は15項目に細かく分かれているので，具体的な姿を基準に評価すると，一つひとつの項目の評価はしやすい。しかしながら，

第Ⅰ部　外国語教育の理論

表4-3　内容のまとまりごとの評価規準例

	知識・技能	思考・判断・表現	主体的に学習に取り組む態度
聞くこと	［知識］英語の特徴やきまりに関する事項を理解している。 ［技能］実際のコミュニケーションにおいて，自分のことや身近で簡単な事柄についての簡単な語句や基本的な表現，日常生活に関する身近で簡単な事柄についての具体的な情報を聞き取ったり，日常生活に関する身近で簡単な事柄についての短い話の概要を捉えたりする技能を身に付けている。	コミュニケーションを行う目的や場面，状況などに応じて，自分のことや身近で簡単な事柄についての簡単な語句や基本的な表現，日常生活に関する身近で簡単な事柄についての具体的な情報を聞き取ったり，日常生活に関する身近で簡単な事柄についての短い話の概要を捉えたりしている。	外国語の背景にある文化に対する理解を深め，他者に配慮しながら，主体的に英語で話されることを聞こうとしている。
読むこと	［知識］英語の特徴やきまりに関する事項を理解している。 ［技能］実際のコミュニケーションにおいて，活字体で書かれた文字を識別し，その読み方（名称）を発音する技能を身に付けている。音声で十分に慣れ親しんだ簡単な語句や基本的な表現を読んで意味が分かるために必要な技能を身に付けている。	コミュニケーションを行う目的や場面，状況などに応じて，活字体で書かれた文字を識別し，その読み方（名称）を発音している。音声で十分に慣れ親しんだ簡単な語句や基本的な表現を読んで意味が分かっている。	外国語の背景にある文化に対する理解を深め，他者に配慮しながら，主体的に英語で書かれたことを読んで意味を分かろうとしている。
話すこと［やり取り］	［知識］英語の特徴やきまりに関する事項を理解している。 ［技能］実際のコミュニケーションにおいて，指示，依頼をしたり，それらに応じたりする技能を身に付けている。日常生活に関する身近で簡単な事柄についての自分の考えや気持ちなどを伝え合ったり，自分や相手のこと及び身の回りの物に関する事柄について，その場で質問をしたり質問に答えたりして，伝え合ったりする技能を身に付けている。	コミュニケーションを行う目的や場面，状況などに応じて，指示，依頼をしたり，それらに応じたりしている。日常生活に関する身近で簡単な事柄についての自分の考えや気持ちなどを伝え合ったり，自分や相手のこと及び身の回りの物に関する事柄などについて，その場で質問をしたり質問に答えたりして，伝え合ったりしている。	外国語の背景にある文化に対する理解を深め，他者に配慮しながら，主体的に英語を用いて伝え合おうとしている。

話すこと[発表]	[知識] 英語の特徴やきまりに関する事項を理解している。 [技能] 実際のコミュニケーションにおいて，日常生活に関する身近で簡単な事柄や自分のことについて話す技能を身に付けている。身近で簡単な事柄についての自分の考えや気持ちなどを話す技能を身に付けている。	コミュニケーションを行う目的や場面，状況などに応じて，日常生活に関する身近で簡単な事柄や自分のことについて話している。身近で簡単な事柄についての自分の考えや気持ちなどを話している。	外国語の背景にある文化に対する理解を深め，他者に配慮しながら，主体的に英語を用いて話そうとしている。
書くこと	[知識] 英語の特徴やきまりに関する事項を理解している。 [技能] 実際のコミュニケーションにおいて，大文字，小文字を活字体で書いたり，音声で十分に慣れ親しんだ簡単な語句や基本的な表現を書き写したりする技能を身に付けている。自分のことや身近で簡単な事柄について，音声で十分に慣れ親しんだ簡単な語句や基本的な表現を用いて書く技能を身に付けている	コミュニケーションを行う目的や場面，状況などに応じて，大文字，小文字を活字体で書いたり，音声で十分に慣れ親しんだ簡単な語句や基本的な表現を書き写したりしている。自分のことや身近で簡単な事柄について，音声で十分に慣れ親しんだ簡単な語句や基本的な表現を用いて書いている。	外国語の背景にある文化に対する理解を深め，他者に配慮しながら，主体的に英語を用いて書き写したり書いたりしようとしている。

出所：国立教育政策研究所教育課程研究センター（2020：33〜34）。

実際に評価を総括する際には複雑になることも想定される。この15項目すべてを1つの単元において総括的に評価しようとするのではなく，単元の言語材料や言語活動，児童の実態を考慮し，学期や年間の指導の中で軽重をつけながら指導と評価をしていくと考えると良い。また，評価計画を作成する際は，規準を設定するだけでなく，各単元において，「どの領域に力を入れて指導するか」や「言語活動を評価する際に，知識・技能の側面や，思考・判断・表現の側面をどこで見るのか」というような点についても，指導計画の段階ではっきりさせておくことが大切であり，指導計画を工夫する必要がある。

（3）パフォーマンス評価

　現行の学習指導要領では，指導と評価の一体化を図る中で，論述やレポート

第Ⅰ部　外国語教育の理論

の作成，発表，グループでの話し合い，作品の制作等といった多様な活動に取り組む**パフォーマンス評価**を取り入れ，ペーパーテストの結果に留まらない，多面的・多角的な評価を行っていくことが重要となっている。

　小学校の外国語科においては，主に「聞くこと」「話すこと［やり取り］」「話すこと［発表］」の技能を統合させた課題を単元終了時のゴールとして設定し，児童のパフォーマンス（英語を使っている具体的な姿）から，教師の指導の成果や児童の学習の成果について，評価をしていくことになる。

　例えば，『NEW HORIZON Elementary 5』（東京書籍）の「Unit 6 At a restaurant.」では，料理や値段などの表現が言語材料であり，レストランでの店員とお客による料理注文時のやりとりが場面であるため，以下のような表現を使ったレストランでのやり取りを課題とすることが考えられる。これらをもとに，**バックワード・デザイン（逆向き設計）**で単元の指導を構想することが重要である。

店員	お客
Hello. Welcome to (ABC Restaurant)!	Hello.
This is our menu.	Thank you.
What do you want for lunch?	I want (curry and rice).
What would you like?	I'd like (pizza).
Would you like some drink?	Yes, I'd like (cola).
What is this?	It is (the Healthy Lunch).
How is it?	It's (delicious).
How much is it?	It's (four hundred) yen.

　そして，小学校の外国語科においては，次のようなプロセスで単元の指導とパフォーマンス評価が行われていくべきであろう。教師は単元導入時に，Can-Do リストを提示したり，上記のようなやり取りを，表現を変えながら何回も繰り返し聞かせたりすることから，パフォーマンス課題への指導を始める。そして，毎回の授業で形成的評価を繰り返しながら，課題達成に必要な表現を1つずつ習得していく。児童は，その指導の中で自分の理解度や定着度を自己

第4章　小学校外国語教育の評価

評価しながら課題達成への見通しを持ち，学習を調整する。そして，単元終盤には，仲間とやり取りを何度も練習（リハーサル）し，相互評価を繰り返しながら，粘り強くやり取りの質（量を含む）を高めていくことで，単元終了時の目標を達成できるようにする。教師は単元終了時に，児童のパフォーマンスを見取り，総括的評価を行うと共に，次の単元への診断的評価とするのである。

　留意すべき点は，大きな課題（児童にとって負荷が大きすぎる課題）は，指導と評価に時間がかかるということである。発表会のようなことを毎単元で実施していると，内容によっては実施に2時間以上費やすことになり，単元指導の時間を圧迫してしまう。しかし，毎単元，児童の言語活動の様子を評価していくことは必須であるため，どの単元でも児童のパフォーマンスを評価できる実効性の高い課題を設定し，指導と評価を行っていくようにすべきである。また，学期末においては，複数の単元の学習成果を評価する学期末のパフォーマンス評価を実施すると良い。既習の言語材料も多いことから，コミュニケーションの目的や場面，状況等を課題に設定したり，児童がそれらに応じて思考力，判断力，表現力を働かせることができるか包括的に評価したりしやすくなる。

（4）単元の指導と評価の実際

　実際に，単元の指導の中で，観点別学習状況により総括的評価を行う際は，毎回の授業ではなく，単元や題材などの内容や時間のまとまりごとに行うなど，評価場面を精選することが必要である。国立教育政策研究所教育課程研究センター（2020）では，具体的な単元指導案（単元の指導と評価の計画）の事例がいくつか掲載されているので参照されたい。国立教育政策研究所の単元指導案のフォームに則り，事例の特徴や評価の留意点について紹介する（表4-4）。

　単元の最初の3〜4時間目は，学習目標に合わせて「知識・技能」の習得に専念する時間を設け，新出の語句や表現を何度も繰り返し聞き，実際に話し，文字も一緒に見たり書き写したりしながら，定着を図ることを中心とすることから，総括的評価は必要なく，形成的評価を行って指導と改善を図っていく。「知識・技能」は実際に活用されることで定着が図られるものであるから，表現を知識として理解させたり，習得させたりするトレーニングだけではなく，

第Ⅰ部　外国語教育の理論

表4−4　単元の指導構想（単元指導は8時間の場合のイメージ）

時	目標・活動	評価			
		知技	思判表	態度	評価規準（評価方法）
1	第1時の目標（単元の目標や課題の確認する）				
	「聞く」中心				形成的評価 自己評価
2	第2時の目標（新出表現の定着を図る）				
	「聞く，話す」中心 トレーニング				形成的評価 自己評価
3	第3時の目標（新出表現の定着を図る）				
	「聞く，話す」中心 トレーニング				形成的評価 自己評価
4	第4時の目標（知識・技能を活用してみる）				
	「やり取り」中心 言語活動				形成的評価 自己評価
5	第5時の目標（知識・技能を活用し，定着を図る）				
	言語活動 「やり取り」中心 Activity 1	○			単元最初の総括的評価 自己評価・相互評価
6	第6時の目標（知識・技能を活用し思考・判断・表現力を発揮する）				
	言語活動 「やり取り＋読む」 Activity 2	○	○		総括的評価（再評価による修正） 自己評価・相互評価
7	第7時の目標（知識・技能を活用し思考・判断・表現力を発揮する）				
	言語活動 「やり取り＋書く」 Activity 3		○	○	総括的評価（再評価による修正） 自己評価・相互評価
8	第8時の目標（単元の学習の成果を発揮する）				
	単元終了時の課題 単元全体の振り返り	○	○	○	単元最終の総括的評価 （パフォーマンス評価） 自己評価・相互評価

出所：国立教育政策研究所教育課程研究センター（2020）をもとに筆者作成。

言語活動を仕組むことが重要である。

　単元の後半の4～5時間目くらいから，「知識・技能」の評価を行うようにする。聞き取った文の内容を表す絵を選んだり，問いかけに答えたりする様子を「知識・技能」の観点の基準に照らし合わせて総括的に評価を実施していく。総括的評価であっても，単元の途中での評価であり，最終的な評価でないことから，不十分にしか能力を発揮できなかった児童への指導を行い，その後，改めて見取って評価を実施し，「知識・技能」の力が伸びていれば評価を修正していくことが大切である。

　単元の終盤では，実際のコミュニケーションに近い言語活動が行われるようになった段階で，「思考・判断・表現」と「主体的に学習に取り組む態度」の評価を一体的に見取るようにする。最終的には，その単元終了時の課題において，パフォーマンス評価を実施し，総括的評価とする。

（5）市販のペーパーテスト（教科書会社作成等の評価テスト）の留意点

　小学校現場では，各教科の評価について，教科書会社が作成している評価テスト等を購入し総括的評価（記録に残す評価）をすることが多い。外国語科は，「英語を使って何ができるようになったか」という評価が重要であり，「聞くこと」と「話すこと」を中核とした授業が展開されていることから，外国語科の評価においてペーパーテストを実施する際は，以下のような点に留意すべきである。

- 自校で設定した学習到達目標や日々の授業で行う言語活動に応じたものにする。
- 市販のペーパーテストを用いることで評価が目標と一致せず，日々の授業における児童一人ひとりの行動観察による見取りが不十分であったり，テスト後のフィードバックや個に応じた指導が行われないことがあったりしてはいけない。
- ペーパーテストによる評価は，あくまで様々な評価の一部にしかすぎない。

第Ⅰ部 外国語教育の理論

学習課題 ① 教科書から任意で単元を選び，その単元のねらいを達成させるために，単元
終了時に評価するパフォーマンス課題とその評価規準・基準（ルーブリック）
をグループで考えてみよう。

② 課題①のパフォーマンス課題からバックワード・デザインでその単元を構想
し，一単位時間ずつ，授業のねらいを設定してみよう。

③ 児童が主体的に単元のねらいを達成できるよう，単元を貫く振り返りシート
を作成してみよう。

引用・参考文献

国立教育政策研究所教育課程研究センター『学習評価の在り方ハンドブック　小・中学校
編』2019年。https://www.nier.go.jp/kaihatsu/pdf/gakushuhyouka_R010613-01.pdf

国立教育政策研究所教育課程研究センター『指導と評価の一体化のための学習評価に関する
参考資料　小学校外国語・外国語活動』2020年。https://www.nier.go.jp/kaihatsu/pdf/
hyouka/r020326_pri_gaikokg.pdf

中央教育審議会「児童生徒の学習評価の在り方について（報告）」2019年。https://www.
mext.go.jp/component/b_menu/shingi/toushin/__icsFiles/afieldfile/2019/04/17/141560
2_1_1_1.pdf

東京書籍「令和6年度　NEW HORIZON Elementary　単元指導計画例（第6学年）」2023
年 a。https://ten.tokyo-shoseki.co.jp/text/shou/eigo/data/r6_eigo_keikaku_6nen_2024
0131.pdf

東京書籍「令和6年度　NEW HORIZON Elementary　CAN-DO　リスト例」2023年 b。
https://ten.tokyo-shoseki.co.jp/text/shou/eigo/data/R6NHE_CAN-DO_list.pdf

東京書籍『NEW HORIZON Elementary English Course 5』2024年。

東京書籍『NEW HORIZON Elementary English Course 6』2024年。

東京書籍『NEW HORIZON Elementary English Course 5　指導者資料』2024年。

東京書籍『NEW HORIZON Elementary English Course 6　指導者資料』2024年。

第 5 章

小学校外国語教育と ICT

　「GIGA スクール構想」により，学校教育での子どもたちの学びは，どのように変化し，どのような影響を受けているのだろうか。その変化に伴う小学校外国語活動・外国語科の授業において，子どもたちは，どのような英語学習が可能となってきているのか。そして，今後，どのような可能性が広がっていくのか。本章では，子どもたちのこれからの外国語（英語）の学び方の展望について，ICT 技術・機器の進化や特徴に触れながら考えてみよう。

1　教育現場における ICT 環境

（1）教育現場の ICT 大変革時代の到来

　国の科学技術政策の「Society 5.0（デジタル社会）」という言葉を聞いたことがあるだろうか。図 5-1 では，過去の社会を 5 つに分類し，その時代を Society 1.0 から Society 5.0 と表している。この図が掲載されている内閣府のホームページには，「Society 5.0——未来社会」というテーマで動画（内閣府）も公開されている。図 5-1 の QR コードから動画視聴が可能である。

　この動画からわかることは，我々は今，未来につながる時代の大きな変化の真っ只中にいるということである。2016 年 1 月 22 日に閣議決定された「**第 5 期科学技術基本計画**」には，これからの日本が目指す未来社会への展望が記されている。ICT（Information and Communication Technology）技術の急速な進化により，社会や経済の構造が大きく変化する「大変革時代」が到来している。

　その変化を大きく牽引しているのが **AI**（Artificial Intelligence：人工知能）の登場である。2022 年 11 月 30 日に米国企業の OpenAI 社が **生成 AI** である

第Ⅰ部　外国語教育の理論

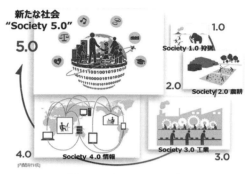

図 5 - 1　Society 1.0 から Society 5.0 へ
出所：内閣府（2016）。

「ChatGPT」を公開し，公開後 5 日間でユーザー数100万人，2 カ月間で 1 億人のユーザー数を越えたことは，大きなニュースとなった。このことからも今後の生成 AI の技術への注目度の高さがうかがえる。また，2024年のノーベル化学賞を受賞したのは，AI（技術開発に尽力した）研究者であったことも記憶に新しい。さらに，**メタバース**（仮想空間・三次元バーチャル空間）と**バーチャル・リアリティ**（仮想空間を体験する技術）の進歩により，アバター（分身）とほぼタイム・ラグのない AI による言語翻訳を介して，世界中の誰とでも，母語によるやり取りができる学習環境が生まれてきている。

　英語学習の方法にもその影響が見られる 1 つの例として，鹿児島大学教育学部附属小学校の実践例がある。2023 年 5 月の公開研究会にて，児童が VR ヘッドセットを付け，メタバース内で外国人アバターと英語で簡単なやり取りをしているところが公開された。このような ICT 技術の急速な進化・複雑化していく中で，それらの高度な技術を正しく活用するのは人間である。特に，これからの世代の人々は，どのような変化にも的確に，かつ，素早く対応していく力（多様性と柔軟性）と正しい情報を選別する力がますます必要となっていくであろう。そのような未来に生きる子どもたちを育成する教育現場にも ICT 化の波はすでに到着しており，**プログラミング教育**や 1 人 1 台端末の使用による学習の多様化が急速に進んでいる。上記でも紹介したような AI 技術を駆使した学習環境が当たり前になる時代は目の前まで来ている。

66

「**GIGA**（Global and Innovation Gateway for All）**スクール構想**」が前倒しされ，2021 年度は，「GIGA スクール元年」とも言われた。GIGA スクール構想のねらいは，「多様な子どもたちを誰一人取り残すことなく，子どもたち一人ひとりの学び方を個別最適化し，資質・能力を一層確実に育成できる教育」を目指している。

2020 年の春に世界的に流行し始めた新型コロナウイルス感染症の広がりにより，オンライン学習が当たり前のように世界の学校社会に定着していく中で，2019 年度（2020 年）の 2 月と 3 月，そして 2020 年度中は，日本のすべての小学校と中学校の約 5 ％のみがオンライン授業に対応できた。この低い数字から，日本の教育現場における ICT 環境の整備の遅れが顕在化し，学習の機会均等の確保の課題，ICT 環境の格差が問題となった。そこで 2020 年度の国の補正予算により，児童生徒向けの 1 人 1 台端末と，高速大容量の通信ネットワークを一体的に整備するための経費が盛り込まれた。これにより，一気に教育現場に ICT 機器が導入され，2020 年度（2021 年）の 3 月末の時点で 97.6 ％の小学校と中学校に 1 人 1 台端末が配置されたと文部科学省が公表した。これで，教育現場（小学校と中学校）に 1 人 1 台の端末の環境整備が整った。

ここまでが GIGA スクール第 1 ステージと捉え，2020 年度以降に配置された端末の更新時期を迎える 2025 年度から，GIGA スクール第 2 ステージとなり，より生成 AI の活用，プログラミング教育の充実・高度化，デジタルを介した創造的な取り組みが生まれていくことが期待されている。

（2）公立小・中学校における ICT 機器等導入の変遷と種類

多くの自治体の公立小学校においては，GIGA スクール構想以前は，パソコン室に 1 クラスをまかなえる程度の台数のパソコンが設置されていた。その他にも，プロジェクターや電子黒板といった機器も配置されたが，パソコン以外の ICT 機器は，各学校 1 台を全学級で共有する場合がほとんどであったため，活用の用途が限定的であった。早い段階から電子黒板を各教室に配置した自治体も見られたが，自治体によりその配置率に差が見られた。そのような状況も徐々に改善され，2021 年度は，ほぼ全教室に電子黒板が配置され，さらに，

第 I 部　外国語教育の理論

1人1台端末の配置と各教室の Wi-Fi 環境の整備により，パソコン室は役目を終え，各教室にて個々の端末（タブレット等）を使用した学習に切り替わってきている。

　公立の小学校と中学校に導入されている端末の種類は多種多様である。それはその端末を動かす基本ソフトウェアの OS（Operating System），つまり，操作するためのシステムに違いがあるからである。以下は GIGA スクール構想にて学校に導入されてきた代表的な3種類の OS である。

- Chromebook（Google Chrome OS 搭載）
- iPad（Apple iPad OS 搭載）
- Windows タブレット（Microsoft Windows OS 搭載）

また，それぞれの OS 上で動かすことができるアプリケーション（ソフトウェア）が多数開発されているため，隣の自治体とは異なる仕様であることもごく当たり前のこととなっている。さらに，公立の小学校と中学校だけでなく，私立の小学校と中学校が多数ある自治体では，自治体内の学校ごとに異なる仕様となっている場合もある。

　ここで1つの例として，岐阜県のある自治体の公立小学校における主なICT 機器導入に関わる2020年度と2021年度の比較を表5-1で見てみよう。2020年度と比べて2021年度は大幅に ICT 環境が充実していることがわかる。もはや，電子黒板や ICT 機器は，鉛筆やノートと並ぶ必要不可欠な学習ツールとして位置づき，学校でも家庭でも，ある特定のアプリケーションやクラウドを通じて，学校の教室を飛び出し，仲間や教師とつながり合い，自由に学びを共有することができるようになっている。

　このように，個々の子どもの考えや学びをリアルタイムに発信・受信し，いつでも，どこにいても，多様な学び方が可能となる学習環境を提供するのはICT 技術の得意とするところであろう。しかし，ICT 機器を効果的に活用するための担当教職員への研修は実施されてきているが，各学校への ICT 支援員の派遣はなく，教職員の自助努力による ICT 機器の効果的な活用方法が模索されているのが現実である。そのため，ICT 機器の活用の格差が，地域間，学校間，教職員間に見られ，GIGA スクール構想のねらいの具現化が難航して

表 5-1　岐阜県のある地域の公立小・中学校における主な ICT 機器導入状況

	～2020年度		2021年度～	
ネット環境	各教室	有線	各教室	Wi-Fi
電子黒板	学校	1台共有	各教室	常時設置
プロジェクター	学校	1台共有	各学校	1台共有
パソコン	パソコン室 1学級分	パソコン室で共有	パソコン室 1学級分	パソコン室で共有
タブレット	特別支援学級の児童	特別支援学級の児童に1人1台	全児童	1人1台 (キーボード・ペン付)
システム	OS	iPad OS	OS	iPad OS
端末	Apple	iPad Wi-Fi 第6世代	Apple	iPad Wi-Fi 第8世代
クラウド	各学校	なし	各学校	MetaMoj Classroom
使用場所	教室内のみ	教室内のWi-Fi下	校内・校外（家庭含む）	校内・校外の Wi-Fi下
メール	全教職員	代表のみ 個人なし	全教職員	個人メール発行
GIGAサポーター	市内	なし	市内	なし
ICT支援員	市内	なし	市内	なし
教職員ICT研修	市内	なし	市内	担当者あり

いることも，大きな課題の1つとして挙げられる。

　2019年12月19日に発出された文部科学大臣のメッセージ（抜粋）を見てみよう（文部科学省，2019）。

　Society 5.0 時代に生きる子供たちにとって，PC端末は鉛筆やノートと並ぶマストアイテムです。今や，仕事でも家庭でも，社会のあらゆる場所でICTの活用が日常のものとなっています。社会を生き抜く力を育み，子供たちの可能性を広げる場所である学校が，時代に取り残され，世界からも遅れたままではいられません。

　1人1台端末環境は，もはや令和の時代における学校の「スタンダード」であり，特別なことではありません。これまでの我が国の150年に及ぶ教育

第Ⅰ部　外国語教育の理論

実践の蓄積の上に，最先端のICT教育を取り入れ，これまでの実践とICTとのベストミックスを図っていくことにより，これからの学校教育は劇的に変わります。

この新たな教育の技術革新は，多様な子供たちを誰一人取り残すことのない公正に個別最適化された学びや創造性を育む学びにも寄与するものであり，特別な支援が必要な子供たちの可能性も大きく広げるものです。

また，1人1台端末の整備と併せて，統合型校務支援システムをはじめとしたICTの導入・運用を加速していくことで，授業準備や成績処理等の負担軽減にも資するものであり，学校における働き方改革にもつなげていきます。

忘れてはならないことは，ICT環境の整備は手段であり目的ではないということです。子供たちが変化を前向きに受け止め，豊かな創造性を備え，持続可能な社会の創り手として，予測不可能な未来社会を自立的に生き，社会の形成に参画するための資質・能力を一層確実に育成していくことが必要です。その際，子供たちがICTを適切・安全に使いこなすことができるようネットリテラシーなどの情報活用能力を育成していくことも重要です。

このメッセージから，ICT機器がこれまでの学びの方法・質・内容に変化をもたらすツールの1つとして捉えられ，それらを豊かに創造的に活用できる力の育成が求められていることがわかる。同時に，扱う教職員についても同じことが言える。これからの教育現場で活躍する若い世代が，学生の間に自ら積極的にICT機器の活用を模索し，新たな活用方法に挑戦し，創造性豊かに学びを深めていくことが強く求められている。

（3）小学校の教育課程における ICT 機器活用の具体例

これまで述べてきたことからも明らかなように，小・中学校におけるICT機器の活用が急速に浸透しつつあることが容易に想像できるであろう。導入前は，ICT機器のハード面ばかりが整っても，ソフトの使用や機器そのものの使用方法等の面で混乱が生じ，結局は使用しないのではないか，という心配の

第 5 章　小学校外国語教育と ICT

声もあったが，学校現場ではここを教育改革の好転機と捉え積極的に活用しようとする動きが見られる。

　表 5-2 と表 5-3 は，公立小学校現場における ICT 機器の活用例を具体的にまとめ，現行の公立小学校の枠組み内ですぐにでも取り組めそうな内容を取り上げている。

表 5-2　ある公立小学校における児童の ICT 活用例

児童（高学年）		活用方法の具体例
授業	全科目対象	・体育 跳び箱やマット運動など自分の動きを動画撮影し，改善点を可視化しグループで改善方法を話し合う。 ・理科 教師が実験方法を示す動画を事前に撮影しておき，それを手元のタブレットで視聴する。実際の実験の際に何度も確認する。その時間に教師は個別対応が可能となる。 ・社会 これまで黒板に掲示されていた社会科の資料を手元のタブレットで拡大したりしながら詳細まで確認する。そこから分かったことをタブレットのメモに手書きで書き込み，クラスで共有する。 ・図工 校内の自分の好きな風景をタブレットで撮影し，その写真をもとにスケッチしたり，スケッチ用アプリケーションを使用して，色彩の学習をしたりする（岩本，2021）。 ・音楽 リコーダーの練習で見本の手元を動画撮影し，それを見ながら個人練習をする。 音楽作成アプリケーションに様々なパートを録音したり，別の楽器の音源を追加したりして簡単な曲を作成し，クラウドで共有する。 ・算数 教師が作図した問題を個々のタブレットに共有し，個別に取り組ませたのち，仲間の意見を画面上で示し，新たな考え方を共有する。 ・外国語 オンライン上の英語学習ソフト（久埜，2015）を使用し，繰り返し自分の聞きたい音声を聞いたり，真似て発音したり，聞こえてきた音声と書かれている文字（単語や単文）をつなぎ合わせたりしながら，文字学習を個別自由学習を行う。 ・総合的な学習の時間 あるテーマに沿いながら，個々の興味・関心に合わせて地域の方へのインタビューや体験活動を写真・動画と共にまとめ，発表までを行う。

71

第Ⅰ部　外国語教育の理論

個別学習	辞書リサーチ	・わからない語句の意味調べ ・英単語の発音確認と音読練習 ・学習内容に関連する動画や写真の検索 ・プレゼン用アプリケーションを使ったスライド作成
学校生活	委員会活動	・放送委員会 　4月に新しく着任した教師の紹介動画を作成し，お昼の放送で紹介する。 　高学年の児童が，新1年生の紹介動画の撮影と編集をし，紹介する。 ・生活委員会 　校内で危険な箇所，登下校での注意方法，様々なキャンペーンなどの紹介動画を作成する。 ・保健委員会 　手洗いやマスク着用など新型コロナウイルス感染対策の紹介チラシや動画を作成し，注意喚起に活用する。
行事	修学旅行	・児童が中心となり，修学旅行中の様子を時間限定のオンライン LIVE 配信 ・保護者懇談会の時に修学旅行の様子を紹介するために動画を作成・編集

表5-3　ある公立小学校における教職員のICT活用例

教職員		活用方法の具体例
出張会議	オンライン	・出張旅費の削減 ・移動時間の削減による子どもに向き合う時間の確保 ・オンライン研修への参加 ・柔軟なPTA役員会の実施
資料共有	クラウド使用	・いつでも，どこでも，校内のみならず，地域の学校間で共有 ・事務仕事の軽減
授業	全教科	・資料教材の種類と作成方法の広がり（写真・動画・アプリケーションなど） ・児童の学習ノートのデジタル化と電子黒板上での共有 ・詳細な手順等を繰り返し動画で視聴 ・オンライン授業の実施 ・授業動画のオンデマンド化 ・ベテラン教師の授業動画の蓄積・公開
保護者	アンケート懇談会授業参観	・Google Formを利用したアンケート実施・集計による事務仕事の軽減 ・授業参観や保護者懇談会のオンライン化と動画配信

　今後は，より ICT 機器とソフトウェアが充実し，それに伴う活用方法の広がりにより，これまでの子どもたちの学び方や教師の働き方が大きく変化するであろう。この変化は，学校という教育現場の枠組みそのものを大きく変えて

いく可能性も含んでいる。個々の子どもたちの「学びの多様性」が広がっていく現代において，従来の学校という1つの枠組みから飛び出した新たな取り組みが模索されている。

例えば，3万人規模の高校生が，すべてオンライン授業を提供する高校で学んでいる。2025年度には，日本で初めて完全オンラインの大学も誕生する。2023年度の文部科学省の調査による不登校の児童生徒の数は，34万人を越え，11年連続で増加しており，それに合わせるように，個々のニーズにあった，いつでもどこでも，学びの質と量が確保されているオンライン学習を提供する取り組みが自治体の教育委員会を中心として活発に展開されつつある。このように，ICT技術が学校現場に積極的に取り入れられることは，従来の学校という場において，教師がすべて教え，学ばせ，活動させる学校活動から，子どもが自ら考え，トライし，工夫しながら，学び取る学習活動へとシフトさせていくための1つのゲーム・チェンジャーとなるのではないだろうか。

（4）学習者用デジタル教科書

近年は，教科書出版社より紙媒体の教科書と「学習者用デジタル教科書」が作成されている。では，「学習者用**デジタル教科書**」とはどのようなものなのだろうか。文部科学省のホームページでは，次のように説明されている（文部科学省「学習者用デジタル教科書について)。

　令和2年度から実施される学習指導要領を踏まえた「主体的・対話的で深い学び」の視点からの授業改善や，特別な配慮を必要とする児童生徒等の学習上の困難低減のため，学習者用デジタル教科書を制度化する「学校教育法等の一部を改正する法律」等関係法令が平成31年4月から施行されました。これにより，これまでの紙の教科書を主たる教材として使用しながら，必要に応じて学習者用デジタル教科書を併用することができることとなりました。（※ここでの「学習者用デジタル教科書」とは，紙の教科書の内容の全部（電磁的記録に記録することに伴って変更が必要となる内容を除く。）をそのまま記録した電磁的記録である教材を指す。）

第 I 部　外国語教育の理論

表5-4　デジタル教科書・デジタル教材の整理

指導者用デジタル教科書	指導者が提示用に使用するデジタル教材 音声，動画，イラスト，授業スライド等の様々なコンテンツが含まれている教科書
学習者用デジタル教科書	児童・生徒が個々の端末上で，紙媒体の教科書の誌面をデジタルで見る教科書
学習者用デジタル教材	児童・生徒が個々の端末上で，Wi-Fi を通じて，クラウド等にある音声，動画，イラスト，授業スライド等にアクセスして学習に活用するコンテンツ教材

　学習者用デジタル教科書と聞くと，音声や動画といったコンテンツも含まれる教科書と思われがちであるため，その示すものを表5-4のように整理する。

　学習者用デジタル教科書の配置計画では，2025年度からすべての小・中学校等を対象に，小学校5年生から中学校3年生に対して英語の学習者用デジタル教科書を提供し，次に導入する算数・数学やその他の教科については，学校現場の環境整備や活用状況等を踏まえながら段階的に提供されることが期待されている。

2　ICT を活用した外国語教育

（1）ICT 技術との融合で充実する小学校外国語教育

　GIGA スクール構想による ICT 機器の配置，特に1人1台端末の導入により，指導者が授業で使用するツールに大きな変化が生まれている。CD プレイヤーを片手に授業に向かう教員の姿は，今では懐かしい光景となり，すべての歌や動画などの音源・動画データは，小さな端末やインターネット上のクラウドに保管され，いつでも，どこでもすぐにアクセスし，授業で使用することができる。そして，そのデータも，著作権の使用許可範囲内であれば授業内で児童と共有することも容易となり，個々でそれを何度でも聞いたり，真似て練習したりすることもできるようになった。便利な学習アプリも登場し，AI の解析によって個々のつまづきに合わせて問題が繰り返し出題されたり，音声のスピードも自分で調節したりと，個々の学習方略やニーズに合った学習が可能となりつつある。これまでのように，学級全員で，教師が教え，同じ進度で，同

じ内容を一斉式に学ぶ授業スタイルから，個々の学習進度に合わせながら自由に，かつ，個別に学習できる時間が授業内で確保することが可能となったのである。

図5-2　赤ちゃんは語学の天才
出所：Kuhl（2011）。

しかしながら，45分の間ずっと，タブレットを活用して個別で英語学習をすることは，現実的・効果的ではないと考える人も少なくないであろう。近年，アメリカでは，紙の絵本の良さを見直そうとする動きも出ている。バトラー後藤（2021）は，実証研究により，紙の絵本を保護者と一緒に読んだほうが，デジタル絵本を1人で読むより読解が進むと述べている。また，デジタルの絵本は，どんなに優秀な対話的機能をつけても，人間の代わりにはならないとも述べている（バトラー後藤，2021：121）。それはなぜなのだろうか。

1つのICT端末に多量の絵本も入れられ，いつでも，どこにでも持ち出せ，ICT端末上でも十分に楽しむことができるであろう。しかし「言葉の学び」には，それだけでは何かが足りないのである。その答えの1つのヒントとなるのが，パトリシア・クール（Kuhl, P.）の研究である。図5-2のQRコードをスマートフォン等で読むと，クールのTED Talksでの説明が視聴できる。そこでクールは，赤ちゃんは，社会的交流によって，自分にとって重要な音かどうかを判断する，という母語の習得過程を説明している。つまり，「言葉」を学ぶ基盤として，他者との「関わり合い」と「やり取り」を通じて学ばれていくとしている（Kuhl, 2011）。

バトラー後藤（2021）は，クリクマールとシンゲルの研究（Krcmar & Cingel, 2014）を取り上げ，紙の絵本を保護者が子どもと一緒に読む時，デジタル絵本を読む時と比べて，保護者は子どもに多く話しかけると述べている。また，話す内容も，デジタル絵本と比べて，ストーリーの内容を確認したり，自分の気持ちを言ったり，子どもに質問したりして，読解に直結するものが多くなるが，デジタル絵本では，機能についてや，ストーリーに関係のないコメントが多くなるとも述べている（バトラー後藤，2021：120～122）。つまり，子どもの思考に寄り添いながら，子どもの思考を促す「やり取り」の質と量の違いが，紙の絵本での読解につながると考えられている。

第 I 部　外国語教育の理論

　これらのことから，小学校外国語教育において，子どもたちが「言葉」としての英語を学んでいく際には，ICT 技術・機器の強みを生かしながらも，人と人とが意味のある「やり取り」の量と質を上げながら，「言葉」を仲間と共に学び合える環境が必要であることを忘れないようにしたい。まずは，1 単位時間 45 分間の 10 分から 15 分程度，個々の進度に合わせた学びの時間を ICT 機器により確保することから始めたい。そして，ICT 機器での学びの中に，仲間と言葉や考えを交わし合う場面，深め合う場面の融合が重要になるであろう。

（2）　5 領域の能力の育成──「聞くこと」

　紙媒体の教科書の活用と同時に，学習者用デジタル教科書やデジタル教材を取り入れながら授業が展開されることが必須となっている昨今，デジタル教科書を使用する際に次の 2 点に留意すべきであろう。

　1 点目は，デジタル教科書に含まれる動画や音声をクラス全体で視聴する際，内容の理解を確認するためだけの一方通行的な視聴にならないように留意すべきである。小学校段階の子どもたちは，「やり取り」を通じて，非言語的な要素も含めながら，英語の音，英語が使われる場面，視覚教材，教師の表情や声のトーン，文字など様々な情報から英語の内容を理解しようとしたり，意味を大まかに推測しようとしたりする。しかしながら，実態として，デジタル教科書の音声のみを聞かせ，その後に，日本語で内容理解の確認に終始する場合が多いのではないだろうか。自分で内容を理解するためには，他の情報をもとに，試行錯誤しながら聞いたことを理解できる足場かけが必要である。つまり，積極的かつ主体的に情報処理をすることができるかどうか，がポイントとなるだろう。

　2 点目は，英語の語彙や表現の理解が主目的となっているため，本来の英語独特のリズムやイントネーションが崩れてしまっている場合があることに留意すべきである。これらの課題を克服する 1 つの手立てとして，1 人 1 台端末の活用を考えてみたい。まず教材準備として，指導者が内容に関わるイラストや英文を準備しておく。次に以下の手順で指導する。

①1回目は，児童は音声のみで聞き，どのような音が聞こえてきたか，聞いたことがある知っている単語が聞こえてきたかを学級全体に問い，聞き取れた音を出し合う。その時に，指導者は英語の文字を発音しながら板書しておくと良い。

②児童に聞き取ってほしい部分に注意が行くように，例えば，Did you hear any fruits? Did you hear any colors? などと指導者が問い，聞き取ってほしい部分を明確にしながら再度聞いてみる。

③3回目には，文字化してある英文を見せ，児童が①や②で聞き取った単語は，英文のどこにあるのか探したり，自分が読める部分，理解できる部分はどこかを見つけたりしながら聞き，英文全体の意味を大まかにつかむ。

④個人の ICT 端末で学習者用デジタル教科書を用いて，英文の音声を聞きながら，音読したり，自信のない部分だけ自分で何度も聞いたりして，正しく音声化できるように練習する。

このように，学級全体で学びを進めながら，個人で自由に，自分の考えをもとに学習を進めていく時間を設定することが，ICT 機器の活用により可能となる。また，学習者用デジタル教科書のコンテンツにある英語のリズムやイントネーションが崩れていると判断される場合は，ALT にあらかじめ扱いたい単語や英文等を録音してもらい，その音源データを蓄積しておく。そして，個々の児童が必要に応じて，その音源データにアクセスし，個々で何度も聞きながら，真似たり，自分の音声を修正したりすることにより，英語らしいリズム感も身につけることが可能となるであろう。

（3） 5領域の能力の育成——「読むこと」

「聞くこと」と関連させながら考えると，英語の音声を聞く段階から，それに関わる文字や英文を音源と一緒に添えておくと良い。高学年の児童は，認知的発達も伴い，文字の認識度も高まってくると考えられる。門田・野呂（2001：200〜201）は，レベルト（Levelt, 1993）の共有仮説（図5-3）を用いて，聴覚情報と視覚情報の処理プロセスについて説明している。

最初に，下部左側の聴覚情報と視覚情報を受け，それらが一旦解読され理解

第Ⅰ部　外国語教育の理論

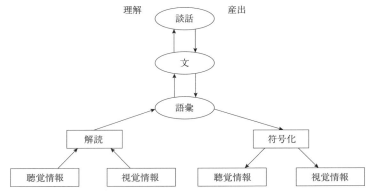

図5-3　Levelt (1993) による comprehension/production model
出所：門田・野呂 (2001) をもとに筆者作成。

されると，頭の中で認識できる語彙となり，それが重なり文レベル，そして，談話レベルの理解へと進んでいくと考えられている。この共有仮説を示唆する実験も行われており，リスニングから得た情報と読むことから得た情報をお互いに共有し，それぞれが必要に応じて別の技能に活用できることを示している。

　このことを根拠に小学校段階の英語を「読むこと」を考えた時，音声のみのインプットではなく，そこに文字が明示的に示されており，その文字に子どもの意識が向くことにより，文字からもインプットを受けて意味理解を進めていくことが可能となるのではないかと考えられる。特に自分が聞いたこと，言えることが文字でも確かめることができると，文構造（英語らしい語順）に気づくことができ，正確性も高まることが期待できる。ICT機器の活用により，音声と文字の両方のインプットを同時に行うことが可能である。

（4）5領域の能力の育成――「話す［やり取り］」と「話す［発表］」

　ICT環境の充実により，一番大きな変化が生まれやすいのが「話す［やり取り］」と「話す［発表］」の取り組みではないだろうか。例えば，海外との交流やディスカッション，他校とのオンライン授業同時開催などの取り組みが，より身近になってきている。近い将来に第6世代移動通信システム（6G）が整備され，メタバースとバーチャル・リアリティといったツールが教育の世界に

入ってくると，教室内ではおさまらない，まるで実際に外国の他者とコミュニケーションをしているかのような状況が簡単に設定できるようになる。そのことにより，意味のある「やり取り」の回数が増え，すでに蓄えている語彙や表現を駆使して自分の伝えたいことを話せる機会が充実するであろう。また，そこで自分が口頭で話した内容も，AIの解析により，すぐに文字化・記録され，後に自分で振り返ることも可能となり，間違いがあっても言いっ放しにならず，自己修正による正確性の高まりも期待できるのではないだろうか。

（5）5領域の能力の育成——「書くこと」

　タブレット等の個々の端末で，繰り返し英語の音を聞き，そこにあるイラストや写真などと一緒に文字化された単語や文，そして，自分が言える単語や表現等を繰り返し聞いたり，読んだりしていると，徐々に英語の文字を正しく音声化できるようになっていく。すると，音と文字をつなぎ合わせて，単語の初頭音や尾音の文字をイメージして書いたり，知っている音を頼りに単語のつづりに見当をつけ，単語や単文を英語で書いたりするようになる。初期段階では正しいつづりとはならない場合が多いが，知っている音とそれまでに文字を見たり読んだりしてきた豊かな学習経験をもとにして，英語を書こうとする。

　このような段階に到達するためには，個々のニーズに合った，繰り返し英語の音を聞いたり，英語の文字を読んだりすることのできる機会が十分に設定されることが必須であり，その機会を効率よく可能にするのがICT技術である。本節の第3項「読むこと」の内容をもとに「書くこと」までのプロセスを考えれば，英語の文字を書き出す前段階に，十分な音のインプットや，単語や文を意識的に見たり，音読したりする段階が充実しなければいけない。その段階が不十分なままで文字を書くことは，音がないところで書き写すだけの行為となり，文字学習の深度が浅くなる可能性があるため注意したい。

第Ⅰ部　外国語教育の理論

3　求められるオンライン教材の特徴

（1）いつでも・どこでも

　現在，多様な OS，多様な機種が教育現場に存在する中で，第1節の第2項に記載した3つの OS（Chrome OS，iPad OS，Windows OS）のすべてに対応したオンライン教材が必要である。また，インターネットに接続できる環境ならば，どこでも，また，どのような端末でも活用することができることも必須条件の1つである。

（2）何度でも Trial and Error（試行錯誤）

　個々のペースで，何度も聞いたり，読んだりしながら，英語の音や文字のインプットを十分に受けることのできる教材であることが望ましい。例えば，すべての英単語や英文（1行ごと），イラストや写真等に音声が組み込まれていれば，子どもがその音声を何度も聞きながら意味理解を深めたり，文字で書かれた単語の音声を真似たりして発音練習することも可能である。個々のペースで進められるオンライン化されたリスニング問題や文字を書いたりすることのできるワークシートやゲーム的な要素を含んだ問題，自分の音声を録音できる機能などが簡単に活用でき，飽きることなく何度も Trial and Error（試行錯誤）をしながら，英語を聞いたり，読んだり，書いたりし続けることができる学習ソフトが必要である。

（3）標準的な英語発音

　学習指導要領には，「現代の標準的な発音」を取り扱うことが記されている。では，一体「標準的な発音」とはどのような発音なのだろうか。別の言い方をすれば「英語らしいリズムがあり，誰もが聞きやすい英語の音」ということであり，それを採用している教材が必要であることを意味している。小学生の発達段階の特徴として，聞いた音声をそのままかたまりで捉えて発音することが得意であることから考えても，教材に組み込まれている音源は，子どもたちが

第5章　小学校外国語教育とICT

そっくりそのまま真似しても良いアクセントやイントネーション，リズムでなければいけない。そのような教材であれば，指導者は，安心して子どもたちに何度も英語を聞かせることができるであろう。

4　ICT機器の発展的活用と課題

（1）小学校外国語のICT技術を活用した協同的な学びの可能性

　授業内での1人1台端末の使用となると，個別学習が中心と考えがちである。しかし，ICT機器を活用する最大の魅力は，これまで教師から見えない死角が多かったペア活動やグループ活動の内容が見える化されること，そして，双方向型の展開を容易に仕組むことができるところである。そのことにより，各自の考えを即時に共有したり，多様な意見にも即時に触れたりすることができるようになる。つまり，1人の意見が埋もれがちになる一斉授業から大きく転換する好機を，ICT技術は私たちに与えてくれているのである。

　一人ひとりの考えをお互いにリアルタイムで共有したり，子ども同士で双方向の意見交換をしたりすることを可能にするのが，Googleが提供しているスプレッドシート（無料だがGoogleアカウントの取得が必要）やPadlet（https://padlet.com/dashboard）等である。また，チャット機能のあるアプリ，ロイロノートやGoogle Classroom，MetaMoji Classroom等により，自由に子ども同士がファイルの交換をしたり，担当教師へ課題を提出したり，タブレット上で作成したプレゼンのスライドを仲間と双方向のやり取りを行いながら意見交流をしたりすることが可能である。

　さらに，AIが，中立的な立場で話し合いの中身を分析し，議論が活発になるような問いかけや問題提起を瞬時に，かつ，タイミングよく行う仲介役と成り得る可能性があるとも言われている。その一方で，生成AIによって，人間の考え方の方向性が誘導されてしまったり，片寄った意見に終始してしまったりする危険性も含まれていることを理解しなければいけない。

　授業内において，教師には時に，子どもたちの話し合いのコーディネートやファシリテートをしながら議論を深めていくスキルが求められる。また，中学

81

第Ⅰ部　外国語教育の理論

校や高等学校では，生徒同士で話し合いを進めていく場面も多々存在する。その際に，生成 AI からの意見を取り入れながら，自分たちの考えをより深く検討したり，生成 AI の意見に対してクリティカル（批判的）に議論を展開したりすることが可能な時代がすでに来ているのである。

　これらの協同的な学びは，決して 1 つの教室内だけで留まるものではない。インターネットに接続できる環境さえあれば，他校の教室にいる同世代の仲間と，他学年と，そして海外の仲間と同じプラットフォーム上で意見交流をしたり，ビデオ通話を通して相手の様子を確認したりしながら 1 つの作品づくりをしたり，教え合ったり，交流したりすることも可能である。1 人 1 台端末の配置により，これらの多様な学び方が現実のものとなり，身近で簡単に行える環境が整ったのである。

（2）1 人 1 台端末（タブレット・パソコン）の課題と今後

　GIGA スクール構想により配置された 1 人 1 台端末の使い方については，様々な課題があると言われている。特に，端末を家庭へ持ち帰った場合に多く見られる。家庭への端末持ち帰りにより，家庭での学習やオンライン授業に対応したり，反転授業のための家庭学習を充実させたり，登下校時の荷物の軽減などが期待されている。子どもたちにとっては，スマートフォンやタブレット，オンライン・ゲーム等が日常に存在することが当たり前の中で生活しているため，GIGA スクール構想により設置されたタブレット等もその他の端末と同等の扱いになることは想定内のことであろう。

　しかしながら，仮想空間，SNS，生成 AI 等のインターネットの世界への極端な依存傾向が大きな問題として取り上げられることも珍しくない。今後，より充実しなければならないことは，**デジタル・リテラシー教育**であろう。使用ルールや危険性など，大人が準備したことを子どもに伝達する一方通行のデジタル・リテラシー教育は，ICT 機器を日常的に活用している世代の子どもたちには適さない。実際に ICT 機器を様々な場面で豊かに使い合いながら，見えてくる事例問題について，大人と子どもが一緒に学び合う機会を設定することが必要であろう。そこから生まれる必然性のある使用ルールや具体的な活用

82

第 5 章　小学校外国語教育と ICT

方法，危険性や課題，疑問を各自治体，各学校，指導者間で共有・模索することも必要である。

（3）小学校外国語の家庭学習との連携

　上記の課題にもあるように，家庭の Wi-Fi 環境の整備・支援，保護者の理解，デジタル・リテラシー教育の充実等，多くの課題が山積しているが，それと同時に，1 人 1 台端末を家庭でも使用できるように環境を整えていく必要がある。どの家庭でも端末使用が可能となれば，宿題の取り組み状況の把握，課題の速やかな提出，理解できなかったところや質問，事前の学習内容などを仲間と共有し合い，学校の対面授業でそのことについて解決する学びにつなげることもできる（反転授業）。これまでは，皆同じページでの学習，同じプリントの学習が基本であった。基礎・基本の学習は皆が行うべきこととしながらも，そこからさらに個々の興味・関心に合わせて学びを広げ，深めていくことができる。

　例えば，小学校の英語に関わる家庭学習では，授業で慣れ親しんだ英語の表現や単語を教師が活字にし，そこに発音も一緒につけて児童に送り，自分が納得する音になるまで練習し，それを録音して教師に提出する。そして，自分が正しく音声化できる（読める）と思う表現や単語をノートに鉛筆で書いて，知っている音と文字をつなぎ合わせる文字学習をすることも可能であろう。そのように個々の学びのペースとニーズに合わせた学習方法が認められ，保護者も理解し，子どもの学びたいことを励ましながら，創造性豊かに，主体的に学びを深め，広げていくことができる学習環境が求められている。

（4）急がれる教職員研修とサポート体制

　これまで ICT 機器の環境整備の充実がもたらす学校教育の変化をまとめてきた。このような急激な変化に対しても，子どもたちがいとも簡単に対応していく姿を目の当たりにする。幼少期より画面にタッチし，必要な情報を指一本で探していくことは，日常生活にごく当たり前の光景として溶け込んでいる。そのような世代の子どもたちに ICT 機器を活用した授業を創造性豊かに展開

83

していくためには，教員の研修やサポート体制の構築は急務である。しかし，教師の中でも，世代間でICTについての考え方，技能，理解度には大きな格差がある。

　現在の教育行政が開催する研修の多くは，各学校のICT担当のみへの研修がほとんどである。そこで研修を受けた担当が各学校にて他の教職員へ伝達するシステムである。しかしこれでは，担当者レベルで理解度に差がある場合，その担当者の学校の教職員は，さらに理解が不十分になることも考えられる。今後のICT機器の効果的な活用方法を学ぶ研修は，教師のニーズとICT活用レベルに合わせたいくつかのレベル分け研修をすべての教師が悉皆で受講し，ICT技術の活用の知識を得て，活用技術を高めていく必要がある。

　先にも記したが，大学生などの若い世代は，ICT機器に関わる基礎的な知識や技能は，スマートフォンやタブレットなどからすでに習得済みであろう。今後はICT環境によって，創造的に活用するための手立てとアイディアを持つ視点が必要である。そして，それを具現化しながら試行錯誤し，より良い活用を自ら見出す力が求められている。

（5）5年後の教育現場のICT環境

　前述のように，2021年度は「GIGAスクール元年」と呼ばれ，短期間でICT環境が整いその運用がスタートした。しかし，ICT環境は日進月歩で常に進化・発展しており，これからの5年後は，現在研究開発中の次世代の高速大容量の通信ネットワーク（6G）が教育現場にも配置され始め，それに伴い，教育現場の学び方，内容，質もより大きく変化していく可能性がある。ICT機器がなければ授業が成り立たないといった状況も生まれてくるかもしれない。しかし，授業というのは，あくまでも教師と子どもたちでつくり上げるものであり，ICT技術や機器は，それを補助するツールの1つである。子どもたちの学びのプロセスを大切にし，子どもとの意味のある「やり取り」を基盤に，授業内容を試行錯誤しながら深め，より学びが充実する授業づくりに挑戦的に取り組んでいくことは，教師として不易な部分であり，それをサポートする1つの方法がICT技術の活用であろう。

第 5 章　小学校外国語教育と ICT

　第 1 節の第 4 項で取り上げた，紙媒体の教科書に付随する学習者用デジタル教科書や補助教材としての英語学習アプリケーション等の活用により，英語学習の効果が期待されている。しかし，それらの機器や教材が，子どもたちのどのような英語力の育成に寄与するのか，また，ICT 教材の活用により英語の学びがどのような変化を生むのかについては，十分に検証されることなく運用が始まったことも事実である（久埜，2023）。これから数年の間に，より進化する ICT 技術を生かした取り組みが増え，充実することにより，5 年後あるいは 10 年後に目の前にいる子どもたちの個々の学びが，より豊かな，より深い学びになっていることを期待したい。

学習課題　① 小学校教育活動全般における ICT 技術・機器の活用について，どのような活用方法が考えられるか，本章で学んだ視点から話し合ってみよう。
　　　　　　② 小学校外国語（英語）の授業での 1 人 1 台端末（タブレットや PC）の活用は，どのような英語の力を身につけることに効果があるかについて話し合ってみよう。

引用・参考文献

岩本紅葉「ICT で子供の創造性を高める（前編）（iTeachers TV——教育 ICT の実践者たち Vol. 258）」2021 年。https://www.youtube.com/watch?v=K3JNo3nm5W8&t=6s

門田修平・野呂忠司『英語リーディングの認知メカニズム』くろしお出版，2001 年。

久埜百合『English in Action Online』ほーぐなん，2015 年。https://action.ac

久埜百合「小学校英語——子どもたちがタブレットを手にして授業の何が変わったのか？」『英語教育』72(8)，2023 年，32 頁。

内閣府「第 5 期科学技術基本計画」2016 年。https://www8.cao.go.jp/cstp/society5_0/index.html

内閣府「Society 5.0——未来社会　動画 1」。https://wwwc.cao.go.jp/lib_006/society5_0/society5_0_mirai1.html

バトラー後藤裕子『デジタルで変わる子どもたち——学習・言語能力の現在と未来』筑摩書房，2021 年。

文部科学省「学習者用デジタル教科書について」。https://www.mext.go.jp/a_menu/shotou/kyoukasho/seido/1407731.htm

文部科学省「GIGA スクール構想の実現へ（リーフレット）」。https://www.mext.go.jp/

85

第Ⅰ部　外国語教育の理論

content/20200625-mxt_syoto01-000003278_1.pdf

文部科学省「子供たち一人ひとりに個別最適化され，創造性を育む教育 ICT 環境の実現に向けて──令和時代のスタンダードとしての 1 人 1 台端末環境（文部科学大臣メッセージ）」2019 年。https://www.mext.go.jp/content/20191225-mxt_syoto01_000003278_03.pdf

Krcmar, M. & Cingel, D. P. "Parent-child joint reading in traditional and electronic formats" *Media Psychology, 17*(3), 2014, pp. 262-281.

Kuhl, P.「赤ちゃんは語学の天才」2011 年。https://www.youtube.com/watch?v=Ts5Qmtv SBTk

Levelt, W. J. M. "The architecture of normal spoken language use" In G. Blanken, et al. (eds.), *Linguistic disorders and pathologies; An international handbook,* 1993, pp. 1-15.

第6章

小学校外国語教育と協同学習

　協同学習とは，学習者が，小集団において，自分の学びおよび仲間の学びを最大限に高め，全員が学習目標の達成を目指す原理（理念）と技法である。したがって，グループ学習が協同（協働）学習になるわけではなく，そこには一定の条件が必要である。それらは，①互恵的な協力関係（肯定的依存関係），②グループの目標と個人の責任，③対面での促進的（積極的）な相互交流，④小集団における対人的技能の獲得と使用，およびグループの改善の手続き（振り返り）である。また，⑤参加の平等性の確保と⑥活動の同時性への配慮も大切である。深い学びを導く個人思考と集団思考や互恵的な関係を生み出す工夫も大切である。本章では，協同学習を活用した英語授業をどのようにデザインするかを学んでいこう。

1　協同学習とは

（1）協同学習の考え方

　文部科学省に設けられている有識者の組織である**中央教育審議会**は，「『令和の日本型学校教育』の構築を目指して——全ての子供たちの可能性を引き出す，個別最適な学びと，協働的な学びの実現（答申）」（2021年1月26日，4月22日更新）において，「一人一人の児童生徒が，自分のよさや可能性を認識するとともに，あらゆる他者を価値のある存在として尊重し，多様な人々と協働しながら様々な社会的変化を乗り越え，豊かな人生を切り拓き，持続可能な社会の創り手となることができるようにすることが必要」であると述べている。また，

---

(1)　本書では，全体を通して協働と協同は同義とする。

第Ⅰ部　外国語教育の理論

同答申では，**個別最適な学び**と**協働的な学び**の重要性も指摘されている。前者は，「個に応じた指導」（指導の個別化と学習の個性化）を学習者側の視点から整理した概念である。また，後者は，知・徳・体を一体的に育むため，教師と児童生徒の関わり合いや児童生徒同士の関わり合いなど，様々な場面でのリアルな体験を通じた学びやICTの活用による他の学校の子どもたちとの学び合いなどのことであり，学校ならではの協働的な学び合いや，地域の方々をはじめ多様な他者と協働した探究的な学びなどを通じ，持続可能な社会の創り手として必要な資質・能力を育成することの必要性を唱えている。

　一方で，**経済協力開発機構**（OECD）による国際的な生徒の学習到達度調査であるPISA（Program for International Student Assessment：国際学習到達度調査）に対応する能力の育成も求められている。すなわち，仲間と共に探究する授業・活動を通して「考える力」と，単なる知識にとどまらない「真の学力」である問題（課題）解決能力を養うことが必要である。しかしながら，学びから遠ざかろうとする児童生徒や多様な児童生徒たちが増加してきている。仲間と学び合うことを通して，学びが本来楽しいことであることを伝え，わかることの喜びを得ることは大切なことである。また，特別な支援を必要とする児童生徒たちの増加に伴い，学級を共に学ぶ場とするためには，互いの存在を認め合い（人間関係の構築），社会的スキルやコミュニケーションスキルを養うことも必要である。

　このように，協同的な学びは21世紀を生きる子どもたちにとって重要な学びと言える。現行の学習指導要領（2017〈平成29〉年告示）では，「**主体的・対話的で深い学び**」を実現する教育活動が求められている。世界の急激な変化の中で，子どもたちには課題発見・課題解決の力が求められ，それは自分とは異なる多様な他者と対話し，自分の考えを広げ深める力の育成につながる。したがって，他者との交流は，既存の知識を拡張し，これまでの認識を組み直し，新たな課題を生み協同的な課題解決を促進するであろう。

（2）協同学習の定義

　これまで学習は個人で行うものと見なされ，知識は個人の頭の中だけで構成

第 6 章　小学校外国語教育と協同学習

されるものであり，勉強は本来，自分一人で行うものと考えられてきた（個別・競争の学習観）。しかしながら，近年では，それに加えて，学習は社会的行為であり，知識は周囲との相互作用により深まり，学び合い，高め合うことで確かな知識が構築されると考えられるようになってきた（協同の学習観）。つまり，自らの学びが仲間の役に立ち，仲間の学びが自分に役に立つため，自分と仲間のために真剣に学ぼうという協同の精神（考え方）が大切になってくる。この「自他共栄のこころ」は民主・共生社会の基盤となる価値観の醸成につながるだろう（杉江，2011；安永，2012）。

　協同学習とは，「学習者が，小集団において，自分の学びおよび仲間の学びを最大限に高め，全員が学習目標の達成を目指す原理（理念）と技法」（Johnson et al., 2002：8）であり，また，Olsen & Kagan（1992：8）によると，協同学習とは「グループ学習活動であるが，そこではグループ内の学習者間の良い人間関係に基づく情報交換によって学習が成立し，また，各学習者が自分自身の学習に責任を持ち，仲間の学習を最大限に高めようとする」ものと定義される。さらに，関田・安永（2005：13）は「協力して学び合うことで，学ぶ内容の理解・習得を目指すと共に，協同の意義に気づき，協同（協働）の技能を磨き，協同の価値を学ぶ（内化する）ことが意図される教育活動」と定義している。

　いずれにしても，協同学習は学習者がお互いの学習を高めるために助け合い，学び合う活動（とその背景にある考え方や理念）と言える。したがって，単なるペア学習やグループ学習が協同学習となるわけではなく，グループ内の学習者同士が人間関係を構築することによってお互いを信頼し，自分と仲間の学習に対して責任を持つためには，一定の条件を満たしたペア活動やグループ活動が必要となる。これは，人間は他者との相互作用を通して能動的に知識を構成していくものであり，知識は社会文化的文脈の影響を受けて獲得される（中谷・伊藤，2013）という心理学者ヴィゴツキー（Vygotsky）の社会構成主義の考え方にも基づいている。中谷・伊藤（2013：232）によると，ヴィゴツキーは「発達的変化は社会文化的文脈に大きく規定されるとして，とくに，人間の高次精神機能の発達は，他者との相互作用において共有された社会的・精神間的過程を個人に内化することで生じるものである」と主張した。また，「協同や指導の

89

第 I 部　外国語教育の理論

もとでは，子どもは助けがあれば，自分一人で取り組むよりも多くの難しい課題を解決できることを『発達の最近接領域』により説明した」（中谷・伊藤，2013：232）。

（3）協同学習の基本的構成要素

　単にペアやグループを組み，活動することが協同学習となるわけではなく，グループ内の学習者同士の人間関係を構築するような指導と活動によってお互いを信頼し，自分と仲間の学習に対して責任を持つためには，一定の条件を満たしたペアやグループ学習が必要となる。図 6 - 1 は様々なグループの成果の違いを示した曲線を表している（Johnson et al., 2002）。縦軸がパフォーマンスレベルであり，横軸がグループの効果である。左端の個別のメンバーから始まり，4 つのタイプの学習グループが曲線上にプロットされている。それぞれは学習者たちの総体的な成果を示している。

　「見せかけの学習グループ」では，学習者たちは，協同して取り組むよう与えられた課題や仕事に興味がなく，高いパフォーマンスあるいは低いパフォーマンスというようにランクづけされることで，評価されると信じている。ただ一緒にいるだけで，共に何かをしたり助け合うこともない。たとえ，表面上は普通に話をしていても，表面下ではお互いを打ち負かすライバルとして見なし，競い合っている。したがって，学習で得たものを他のメンバーと共有するような相互交渉やコミュニケーションをとったりすることもないため，グループの成果は個人レベルよりも低くなる。

　「伝統的な教室での学習グループ」では，学習者たちは，協同して取り組むよう与えられた課題や仕事を受け入れている。しかし，協同作業を必要とするような課題がほとんど課されず，学習者はグループの一員としてではなく，個人として評価されたり，報酬が与えられると信じている。したがって，情報の共有もせず，課題の達成の方法を探るために相互交渉を持つこともない。一部の学習者は，手抜きをして怠け，他のメンバーの努力にただ乗り（free ride）する。良心的なメンバーは，「利用された」と感じて何もしなくなり，一人で作業した方が良い成果を残せると感じる。学習者たちは，社会的技能の指導は

第6章 小学校外国語教育と協同学習

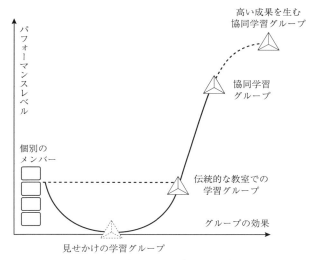

図6-1 学習グループの成果曲線
出所：Johnson et al.（2002）をもとに筆者作成.

受けておらず，グループの取り組みの質を上げるための改善には興味がない。

「協同学習グループ」では，学習者たちは，お互いの学習を最大限に高めるという共通の目標を持っている。その特徴は次の5点である。

①共通の目標を達成するために協力し，自分自身，仲間およびグループ全体の学びを最大限にし，目標達成に対する役割を担う。

②グループのメンバーは，高いレベルの成果を達成するために，個人の責任と仲間の成果へも責任を持つ。さらに，グループ全体の目標達成に対しても責任を持つ。

③メンバーは一緒に課題に取り組み，お互いの成功のために助け合う。

④社会的技能を獲得するための指導を受けることによって，課題の遂行やチームワークのスキルが重視され，目標を達成するために使用される。

⑤メンバー同士が，常に自分たちの活動内容について，目標達成の如何にかかわらず，振り返りを行う。

つまり，チームのメンバーは，お互いの成功のために，資料や教材について話し合い，理解し合い，励まし合う。また，個々の成果は，他のメンバー全員

91

第Ⅰ部　外国語教育の理論

が貢献し，また定期的にチェック（評価）される。どの年齢，どのカリキュラムでも行える。学習とチームワークの質の継続的な改善に重点を置いている。その結果，グループの成果は，一人で作業するよりも，優れた成果や結果を得られる。

　最後に，「高い成果を生む協同学習グループ」は，協同学習グループのすべての基準を満たすグループである。そこでは，メンバーは与えられた課題や仕事を期待以上にこなすことができる。しかし，ここまで高い成果を生む協同学習グループになることは稀であるだろう。

　Johnson et al. (2002) は，効果的な協同学習を生み出す活動（あるいは授業）を構成するために，以下の5つの原理（基本的な構成要素）を提案している。協同の取り組みを効果的に進めるための重要な要素である。

① **肯定的相互依存**（互恵的な協力関係）がある（positive interdependence）

　協同学習における最も重要な要素である。グループの仲間は，自分たちが「浮き沈みを共にする（sink or swim）」関係にあることを知っている必要がある。グループの各メンバーは，自分たちが与えられた課題を学習することと，その課題に関して仲間全員の学びを確実にする責任が求められる。個人の成功はグループの成功と結びついており，グループが成功すると個人も成功する。グループの目標を達成するために，お互いに助け合い，尊重し合う必要がある（ただ乗りはありえない）。協同的に活動するためには，課題とグループの目標を明確にしなければならない。

　また，目標達成に向けた積極的な相互協力関係に，異なるタイプの協力関係を組み込むことが重要である。例えば，以下の10項目が考えられるだろう（Johnson et al., 2002）。これらはいずれも互恵的な協力関係を生み出す工夫である。

- 目標の共有から生まれる協力：一人ひとりの目標が達成されないと，グループの目標も達成できないような目標を設定すること。
- 役割分担上の協力：グループの目標達成に必要な相補的な役割を割り当てること。まとめ役，質問役，確認役，記録役などがある。以下は，筆者が，学生と共に作成し，大学の授業でよく使用する役割とその内容の例である。

第 6 章　小学校外国語教育と協同学習

> 進行係：司会進行を行う。グループの活動が課題からそれないように気をつける。
> 時間・教材係：時間を計り，グループが活動の制限時間に気をつけるように声をかける。必要な教材が揃っているか確認する。提出物を人数分確認して提出する。
> 激励・褒め係：良いアイディアを述べたり，役割をうまく果たした時に仲間を褒める。仲間を激励し，良いパフォーマンスができるように促す。
> 観察（私語）・記録係：グループの仲間が協力して活動を行っているかチェックする。個人で学習する場面では，私語がないように注意する。話し合った内容をメモ，記録する。

　図6-2は，実際に小学校の外国語科の授業で使用した役割分担のカードである（中山・大場，2024）。6年生の実践において，児童一人ひとりが自分の役割を自覚し，責任を持って活動に参加できるような役割を設定し，カード化した。活動中はカードを机上の見えるところに置き，常に意識して活動できるように促すことが大切である。

図6-2　自作の役割分担カード

- 作業自体に埋め込まれた協力：協力し合わなければそもそも活動が成り立たないもの（例えば，大玉転がしやムカデ競争など）。
- 学習資源（道具や教材）の共有による協力：課題の遂行に必要な教材を，グループに与える際に制限する（例えば4人グループに1セットのサインペン

第Ⅰ部　外国語教育の理論

しか配らないなど）。

- 学習情報（知識・情報・経験）の共有による協力：学習者それぞれが学習内容の一部を分担して持っており，グループとして目標を達成するにはメンバー全員がそれぞれの資料を持ち寄る。
- 学習空間共有のための協力：小さなテーブル上で作業することにより，グループのメンバー間の距離が近くなり，お互いの信頼関係を築きやすい。
- ファンタジーの共有による協力：グループを，仮想の「調査チーム」に見立てて，課題を遂行する。
- 仲間意識による協力：揃いのTシャツやはちまき，また「秘密の合言葉」などを決めて，グループ内の結束を高める。
- 外的挑戦に対する協力：過去の自分たちや先輩たちの記録や作品などを超えた，より高い課題の達成を目指す。
- 報酬のための協力：グループの課題が達成された時は，各メンバーに対して賞品やボーナスポイントを与える。

　このような工夫に基づく互恵的な協力関係によって，グループのメンバーの成果は，お互いの努力の結果であることを徐々に理解するであろう。お互いがお互いの成果に貢献しているのである。つまり，ここでの相互依存は，自律した仲間同士がお互いの成果を高め合うために依存し合うことを意味している。

② **グループの目標と個人の責任**が明確である（individual and group accountability）

　目標達成に対して個人およびグループにはその責任が必要である。すなわち，グループ全体としての成果が評価され，その結果が達成基準をクリアしたか否かの確認が個人に返される時，そこにはグループとしての責任が存在する。グループの各メンバーが，グループ活動の成功のために担うべき役割を認識し，確実にその責任を果たすことが求められる。役割は固定せず，輪番制などにして等しく責任を負い，様々なスキルを身につけることも重要である。協同学習グループの最終目的は，グループの各メンバーが強い個人として成長することである。つまり，協同学習で学んだ後，類似の課題については，自分一人でできるようになっているはずである。個人個人が責任を持つための一般的な方法

第6章　小学校外国語教育と協同学習

には以下の6点がある（Johnson et al., 2002）。

- グループを構成する人数を少なくする。
- テストは，学習者一人ひとりに課す。
- 無作為に口頭によるテストを行う。
- 個グループをよく観察し，メンバーがグループに貢献しているか記録する。
- 役割分担として，各グループにチェック係を割り当てる。
- 学習者が，自分が学んだことを他者に教える。

　互恵的な協力関係と個人の責任は相互に関連し合っており，個人の責任感が強くなるとグループのメンバー間の互恵関係も強まる。

③　対面しての促進的（積極的）な**相互交流**がある（face-to-face promotive interaction）

　課題遂行のためには，対面して，積極的に援助し合うことが求められる。グループの各メンバーが，グループの目標を達成するために，お互いの努力を認め，励まし合う時，また，問題の解法を教え合ったり，あるテーマについてディスカッションする時，促進的な相互交流が起こる。そのためには，グループのメンバーがしっかりと話し合う時間をとることが重要である。また，当然ながら，グループのメンバーが一緒に課題に取り組むことも必要である。さらに，グループの活動を観察し，適宜，行動を賞賛することが大切である。

④　小集団における**対人的技能**（スキル）を獲得し，使用する（interpersonal and small-group skills）

　協同学習グループでは，学習者たちは教科の内容の学習（タスクワーク）およびグループの一員として機能するために小集団における対人的技能（チームワーク）の獲得が求められる。つまり，学習課題とグループの仲間とうまく活動するために必要な対人関係技能（ソーシャル・スキル）やグループ・スキルを意識的に学ばなければならない。これらについて，Jacobs et al.（2002：80）は，表6-1の「協調の技能」を挙げている。

　この表6-1の内容を資料として学習者に配布するだけではなく，授業や活動の前に，パワーポイントなどを用いて教室のスクリーンに映し，確認することによってこれらの技能を常に意識してもらえるようにすることが大切である

95

第Ⅰ部　外国語教育の理論

表6-1　協調の技能

1．グループのメンバーの話をじっくり聞く（傾聴）。
2．グループのメンバーに感謝する。
3．グループのメンバーに謝る。
4．グループのメンバーを褒める。
5．グループのメンバーが理解しているかどうかを確認する。
6．グループのメンバーに参加を促す。
7．グループのメンバーを説得する。
8．制限時間を守る。
9．フィードバックを求める。
10．助け，説明，例証，解説，繰り返しを求める。
11．（脱線してしまった時）課題に引き戻す。
12．妥協する。
13．丁寧に反対意見を述べる。
14．理由を述べる。
15．提案する。
16．例を挙げる。
17．小さな声で話す。
18．考えをまとめる。
19．交替で行う。
20．焦らないで待つ。
21．適切なタイミングで友達の話に口をはさむ。
22．話しかける時，相手の名前を呼ぶ。

出所：関田・安永（2005）をもとに筆者作成。

（筆者は，社会的技能への意識〈social skill awareness〉と名づけている）。実際に，知識として持っているが行動に移せない場合もある。使用することを促すと共に，指導者や（設定した）グループの「褒め係」が，グループメンバーの協調の技能の使用について積極的にフィードバックすることが必要である。学習者が協調の技能を獲得すればするほど，メンバー間の関係も良くなり，より高い成果が得られるだろう。

⑤　グループの改善の手続き（**振り返り**）を行う（group processing）

　協同的なグループ学習が効果的になるためには，グループがいかにうまく機能したか（あるいはしなかったか）を話し合う必要がある。つまり，「グループの仲間のどのような行動が役に立ち，あるいは役に立たなかったか」，また，「どの行動を続け，どの行動を改善すべきか」を決めるために，グループの改

善の手続きが必要である。これは，グループ活動で起こった出来事を時系列に並べて振り返ることである。Johnson et al.（2002）は，グループの改善手続きを進めるための段階を5つ提案している。

第1段階：活動中のグループメンバーの相互交流の質を観察し，評価する（チェックリストを使用し，協調の技能の使用回数を記録する）。

第2段階：各グループのメンバーに振り返りのための具体的で肯定的なフィードバックを行う。

第3段階：グループ活動をどのように改善するか，各グループに目標を設定してもらう。

第4段階：クラス全体の改善の手続きを行う。クラス全体で振り返りセッションを持ち，指導者は観察結果をクラスと共有する。

第5段階：小グループとクラス全体で賞賛の機会を持つ。協同グループ活動への意欲や，教科の学習やグループ活動での**自己効力感**の生むものは，成功体験と感謝や尊敬である。

以上の協同学習の5つの基本的構成要素は，ただ単に良い協同学習グループの特徴ではなく，効果的な協同学習の条件を整えるための原理であり，守るべき決まりである。

さらに，Kagan（2013）は，協同学習の構成要素として以下の4つを提案している（ケーガンは，それぞれの頭文字をとってPIESと名づけている）。

- 互恵的な協力関係（肯定的相互依存）がある。（Positive interdependence）
- 個人の責任が明確である。（Individual accountability）
- 参加の平等性が確保されている。（Equal participation）
- 活動の同時性に配慮している。（Simultaneous interaction）

「互恵的な協力関係（肯定的相互依存）」と「個人の責任」はJohnson et al.（2002）と同じであるが，「参加の平等性の確保」と「活動の同時性への配慮」をKagan（2013）は大切にしている。「参加の平等性の確保」は，学習者全員の主体的な参加を促すことである。学習者に同じ時間を与えるか，同じ回数の順番を与えることによって参加の平等性を促すことが大切である（Kagan, 2013）。後述の，「お話タイム（Timed Pair Share）」や「代わり番こに（交互発言

第 I 部　外国語教育の理論

法／ラリー・ロビン〈Rally Robin〉)」というストラクチャー（特定の決まった活動
手順）に組み込まれている。「活動の同時性への配慮」は，各ペアやチームに
おいて，同時に話し合いができるようにすることである。多くの学習者が同時
に話し合わうことで，より授業に引き込み，より深い学びが展開される。
　このように，単に課題をペアやグループに与えて学習を促すだけでは，グ
ループ学習の質に差が出てしまう。とても質の低い見せかけのグループができ
たり，逆に非常に質の高い協同学習グループができることもある。課題からグ
ループ学習を始めて質の高い協同学習グループの形成を待つより，上記の協同
学習の基本的構成要素を取り入れることで質の高い協同学習グループの形成を
促す指導が求められるだろう。

2　協同学習のその他の特徴

（1）個人思考と集団思考

　協同学習における思考のタイプは，グループ活動での話し合いの質を左右す
るポイントの 1 つである（自分の考えを持たずに，形だけ話し合いに参加しても深い
学びは起きにくい）。以下の 3 つの思考のタイプを考慮に入れた話し合いを進め
たい。

　　個人思考：与えられた課題に対して，自分一人で考え，何らかの答えや考え
　　　　　　を持つ作業である。

　　集団思考：個々人の答えや考えをグループ全体で共有し，その正誤や間違い
　　　　　　を吟味し，メンバー全員が共通の理解に達したり，1 つの解答を導
　　　　　　き出したりする作業である。

　　クラス思考：グループの答えをクラス全体で吟味・共有することである。

（2）グループ編成の留意点

　グループを編成する時には留意すべきことがある。それは，グループのタイ
プであり，以下の 3 つがある。

　　フォーマル・グループ：数週間から学期を通して固定されたメンバーで編成

されたグループ。メンバーの多様性を考慮した編成ができる。多様な役割を順に経験することができる。安定した人間関係の中で作業に取り組むことができる。ソーシャルスキル（あるいは，協調の技能）のトレーニングが計画的に行える。

インフォーマル・グループ：授業中，その場で編成するグループであり，特定の課題遂行の間だけグループとして活動する。編成が容易であり，課題に応じてグループサイズを調整できる。新たな出会いの機会が多い。

ベース・グループ：学年を通してメンバーが固定されたグループ（例えば，大学の新入生など）。長期的に安定した人間関係が提供できる。

　また，メンバー構成（多様性など），メンバー人数およびグループの存続（活動）期間も，グループを編成する時は留意しなくてはいけない。それぞれのメリットとして，メンバーの多様性が大きい場合は，視点や発想の幅が広がり多様な人の存在を認め合うチャンスも広がる。メンバーの多様性が小さい時は，1つの解説や説明で皆がわかりグループ内の人間関係をつくりやすくなる。メンバーの人数が多い時は，多様な視点や発想の幅が広がりグループの数が減るので点検時間が短くて済むだろう。逆に，メンバーの人数が少ない時は，メンバーの参加度が高くなりやすく意見をまとめるのに時間がかからない。また，グループの存続（活動）期間が長い時は，仲間関係が築けるためで対人関係の複雑な活動ができ，団結力が養われ困難な課題にも挑戦できるだろう。グループの存続（活動）期間が短い時は，常に新しい人間関係ができ対人トラブルが発生しにくい。このように，グループを編成する時は，活動の目的等に合わせて編成する必要がある。

（3）授業における生徒同士の関係

　授業における学習者同士の関係として次の3つが考えられるだろう。1つ目は，競争的な関係（否定的相互依存）である。誰かが目標を達成すると，他の人

第Ⅰ部　外国語教育の理論

は達成できなくなる。2つ目は，協同的な関係（肯定的相互依存）である。ここでは，自分の目標を達成するためには，グループの目標を達成しなければならない。3つ目は，個別な関係（相互不干渉）である。ここでは，誰かが目標を達成しても，誰にも影響を与えない。協同学習においては，競争的な関係や個別の関係を全く否定しているわけではない。しかし，競争を用いる時も以下の点に留意すべきである。

- 何を競うのかが明白であること。
- 競争のルールがはっきりしていること。
- 勝つチャンスが皆に公平にあること。
- 紛争の裁定者がいること。
- 一過性のイベントであること。結果に引きずられないこと。
- 個人の資質より，チームワークが勝敗を左右するような課題であること。
- 勝敗自体を評価に用いないこと。

3　外国語活動・外国語科と協同学習

　外国語学習において，現行の学習指導要領では，話すことが「やり取り」と「発表」に分かれている。「話すこと［やり取り］」のためには，教室内において，児童同士の**インタラクション**（やり取り）を促すペアやグループ活動を積極的に用いるべきである。なぜなら，インタラクションによって第2言語の学習に必要とされる，理解可能なインプットやアウトプットおよびフィードバックが得られるからである。しかしながら，学習者をただ単にペアやグループにさせ，タスクや練習を行わせるだけでは，コミュニケーション活動や相互交流が活発になるとは限らない。積極的にタスクや練習に取り組まない児童や一方的に活動を支配してしまう児童がいる場合，ペアやグループ活動の成果が期待したほど上がらないことも多い。

　このような問題を解決するためには，Storch（2002）が述べているように，ペアやグループ活動が「協力的」な関係のもとで行われる必要がある。ペアやグループ活動をより効果的にし，さらには，自分の学習だけではなく，互いの

第6章　小学校外国語教育と協同学習

学習を最大限に高め合う協同的な状況をつくり出し，協力的な関係に基づくインタラクションや相互交流を可能にするためには，Johnson et al. (2002) とKagan (2013) が提案している「協同学習の基本的構成要素」をペアやグループ活動に組み込むことが有効である。

例えば，荒井他（2023）は，コミュニケーション能力の明示的・暗示的指導，ペアやグループによる相互評価，そして協同学習の5つの基本的構成要素を授業に取り入れ，4年生と6年生の「話すこと［発表］」におけるコミュニケーション能力向上への効果を探った。質問紙調査，授業や相互評価への振り返りおよびパフォーマンステストの分析の結果，「話すこと［発表］」におけるコミュニケーション能力（社会言語学的能力と方略的能力）の向上と意識の変容が見られた。実践では，発表の良い例・改善すべき例を示したり，相手意識を持てるように発表のポイントが記載されたカードを用いていた。また，協同学習の活用として，学習活動において児童一人ひとりに役割を与えたことで，学習に参加する必然性が生まれた。このようなことから，児童は，教師からの暗示的・明示的指導や促進的な相互交流により相手意識を持った発表ができるようになったと思われる。他にも，ファシリテーション技術と協同学習を取り入れた実践が近年行われてきているが，それらの実践については次章で紹介する。

以下では，英語学習（のみならず他の教科）において使用可能な協同学習の重要な技法（ストラクチャー）を紹介する。これらの技法は，教師の指導手順であり，授業内容に影響されない。しかしながら，これらの技法の中に，すでに協同学習の基本的構成要素が組み込まれている。どの場面で，どの技法をどのように用いるか，教師の手腕が問われることになる。

① 代わり番こに（交互発言法／Rally Robin）

児童たちがペアになり，交互に発言や応答する。

〈手順〉

(1)教師が複数の答えが可能な問題を提示する。

(2)個人思考の時間をとる。

(3)児童が交互に口頭で相手に答えを伝える。

第Ⅰ部　外国語教育の理論

② 順番に話そう（輪番発言法／Round Robin）

「代わり番こに」と同じ要領で，3人以上のグループになった児童たちが順番に発言や応答する。

〈手順〉

(1)教師が複数の答えが可能な問題を提示する。

(2)個人思考の時間をとる。

(3)グループ内で，順番に（大体同じ時間で）口頭で答えを述べていく。

③ ちゃんと聞いてたよ（Three Step Interview）

〈手順〉

(1)ペアになり，「変わり番こに（交互発言法）」の要領で，お互いの考えなどを出し合ったりする（答えや情報を共有する）。

(2)2つのペアを合わせてグループにする。

(3)「順番に話そう（輪番発言法）」の要領で，児童はペアの相手から聞いた考え（アイディアや事例など）をグループのメンバーに話す。

④ お話タイム（Timed Pair Share）

ペアになった児童たちが，どれだけの時間，パートナーと話し合って良いかあらかじめ教師が決定する。一方が話している間は，もう一方は専ら聞き役になり，時間が来たら交代する。

〈手順〉

(1)教師は課題を与え，話し合いの時間を伝える。

(2)ペアになり，児童Aが（考えを）話し，児童Bは聞き役になる。

(3)（時間が来て，児童Aが話し終えたら）児童Bは次のような具合に応答する。

「話してくれてありがとう。私が聞きながら学んだことの1つは……です。」

(4)役割を交代し，児童Bが話し，児童Aが聞き役になる。

(5)（時間が来て，児童Bが話し終えたら）児童Aが応答する。

(6)話し合う回数や時間を，目的や必要に応じて調整する（1分ずつ，30秒など）

第 6 章　小学校外国語教育と協同学習

⑤　特派員（Traveling Heads Together）

〈手順〉

(1) 4 人一組のグループをつくる。その時，グループごとに 1 人ずつ 1 から 4 まで番号を振っておく（必ずしも番号でなくてもよい。例えば，春夏秋冬，東西南北など）。

(2) 複数の考え方や解き方が可能な課題を与え，グループで取り組む。

(3) グループとして正しいと思われる考え方や解き方を絞り込み，全員でその理解を共有する。理解の共有とは，グループの誰が説明を求められても，同じように説明できる状態のこと。

(4) 教師は特派員になる児童の番号（等）を指定し，次に派遣先のグループを例えば次のように指定する。

「番号 1 番の人は特派員です。各グループの番号 1 番の人は立って下さい。（教師に一番近いグループの 1 番を例にして）あなたは左隣のグループに出かけます。左隣のグループの特派員は，その左隣のグループに出かけます。このように，自分のグループから見て時計回りになるような隣のグループに特派員は出かけます。立っている人（特派員）は，自分の行き先を確認して下さい。」

(5) 特派員は，派遣先のグループの話し合いの結果を取材し，自分のグループに戻って報告する。特派員を受け入れたグループは，求めに応じて精一杯わかりやすく，自分たちのグループの考えを特派員に説明する。

(6) 教師は，特派員全員が派遣先を確認したのを確かめてから，取材の所要時間を指示し，出発の合図をする。

(7) 教師は時間を計り，戻る合図をする。特派員は自分のグループに戻り，取材の成果を報告する。

(8) 残っていたグループのメンバーは特派員の報告を受け，自分たちの考えとの相違について確認し，特派員の貢献に感謝する。

⑥　代表頑張れ（Numbered Heads Together）

〈手順〉

(1) グループごとに児童に番号を振っておく（必ずしも番号でなくてもよい。例

103

えば，春夏秋冬，東西南北など）

(2)教師は問題を提示し，各自で考える時間を与える（個人思考の時間）。

(3)児童たちは静かに自分の答えをノートに書く。

(4)全員が書けたら（あるいは合図で）立ち，頭を寄せ合って答えを見せ合い，解法（答え）の確認のために話し合う（あるいは教え合う）。

(5)全員が答えを理解したら（あるいは必要な情報を共有したら），着席する。

(6)教師は番号を選び，その番号の児童はグループを代表して一斉に答える（その際，答え方には，黒板に書くグループの代表が一斉に板書する，グループごとにミニホワイトボードに答えを書いて揚げるなどの方法が考えられる）。

(7)グループの仲間は応答したメンバーを賞賛する。

　これらの技法を用いてどのような外国語の活動が考えられるだろうか。例えば，リスニング活動において，聞き取った内容を指名して答えてもらうのではなく，ペアやグループで「代わり番こに」や「順番に話そう」を用いて確認することによって，参加の平等性が保たれるであろう。同じくリスニング活動において，「代表頑張れ」を用いてゲーム化し，チーム対抗の活動にできるであろう。この活動であれば英語が得意でない児童でも活動に参加できる。さらに，スピーキング活動においては，「お話タイム」を基盤にして，Small Talk（第7章参照）の活動を行うことができるであろう。

学習課題　①　これまで外国語学習で経験したペアやグループ学習がどのようなものであったか，話し合ってみよう。
　　　　　②　協同学習の基本的構成要素を，外国語の学習にどのように取り入れられるかを考え，話し合ってみよう。

引用・参考文献

荒井久徳・下鳥美紀・田邊美咲・大場浩正「小学校外国語活動・外国語科の『話すこと［発表］』における児童のコミュニケーション能力の向上——コミュニケーション能力の明示的・暗示的指導，ペアやグループによる相互評価および協同学習に基づいて」『上越教育大学研究紀要』第43巻，2023年，291〜301頁。

杉江修治『協同学習入門——基本の理解と51の工夫』ナカニシヤ出版，2011年。

関田一彦・安永悟「協同学習の定義と関連用語の整理」『協同と教育』（日本協同教育学会）
第1号，2005年，10〜17頁。

中央教育審議会「『令和の日本型学校教育』の構築を目指して——全ての子供たちの可能性
を引き出す，個別最適な学びと，協働的な学びの実現（答申）」2019年。https://www.
mext.go.jp/content/20210126-mxt_syoto02-000012321_2-4.pdf

中谷素之・伊藤嵩達『ピア・ラーニング　学び合いの心理学』金子書房，2013年。

中山愛恵・大場浩正「小学校外国語教育におけるタスク志向の授業実践——協同学習とファ
シリテーション技術を用いたエンパワメントな授業を目指して」『上越教育大学研究紀
要』第44号，2024年，329〜338頁。

安永悟『活動性を高める授業づくり——協同学習のすすめ』医学書院，2012年。

Jacobs, G. M., Power, M. A., & Inn, L. W. *The teacher's sourcebook for cooperative learning:*
practical techniques, basic principles, and frequently asked questions. Thousand Oaks,
CA: Corwin Press, 2002.（関田一彦監訳『先生のためのアイディアブック——協同学習
の基本原則とテクニック』ナカニシヤ出版，2005年。）

Johnson, D. W., Johnson, R. T., & Holubec, E. J. *Circles of learning: Cooperation in the*
classroom (5th Ed.). Edina, MN: Interaction Book Company, 2002.（石田裕久・梅原巳代
子訳『学習の輪——学び合いの協同教育入門』二瓶社，2010年。）

Kagan, S. *Kagan cooperative learning structures.* Kagan Publishing & Professional
Development. 2013.（佐藤敬一・関田一彦監訳『ケーガン協同学習入門』大学図書出版，
2021年。）

Olsen, R. E. W-B., & Kagan, S. "About cooperative learning." In. C. Kessler (Ed.), *Cooperative*
language learning: A teacher's resource book. NJ: Presence Hall Regents, pp. 1-30,
1992.

Storch, N. "Patterns of interaction in ESL pair work." *Language Learning, 52*, pp. 119-
158, 2002.

第7章

小学校外国語教育とファシリテーション

　「令和の日本型学校教育」（2021年中央教育審議会答申）の構築を目指すため，答申において教師に求められる資質・能力の１つとしてファシリテーション能力が指摘されている。それは一人ひとりの意見を生かし，合意形成や課題解決を進める話し合いの技術である。私たちが「本来持っている力」を発揮して，皆で意見を出し合いながら，チームの力を最大化していくための技術であるファシリテーションを用いることによって，豊かな言語活動を育み，外国語活動・外国語の授業をより「主体的・対話的で深い学び」にする方法を本章で学んでいこう。

1　ファシリテーションとは

（1）ファシリテーション導入の背景
　中央教育審議会の「『令和の日本型学校教育』の構築を目指して──全ての子供たちの可能性を引き出す，個別最適な学びと，協働的な学びの実現（答申）」（2021年1月26日，4月22日更新）において，教師に求められる資質・能力として，使命感や責任感，教育的愛情，教科や教職に関する専門的知識，実践的指導力，総合的人間力，コミュニケーション能力，ファシリテーション能力などが挙げられている。
　また，中央教育審議会（2021）では，図7-1を用いて**Society 5.0**時代における教師のファシリテーション能力について説明している。そこでは，ファシリテーション能力が発揮される主な場面として，「教師同士の相互作用」「教師と子供の相互作用」および「子供同士の相互作用」を指摘している。「教師同士の相互作用」では連携協働した問題解決や校内研修・授業研究，「教師と子

第 7 章　小学校外国語教育とファシリテーション

図7-1　教師に必要な資質能力の構造化試案（イメージ）
出所：中央教育審議会（2021）。

供の相互作用」と「子供同士の相互作用」では「主体的・対話的で深い学び」の実現に向けた授業改善を行い，子ども同士の考えをつなぎ，子どもと共に創造する授業実践，多様な子ども一人ひとりの可能性や活躍の場を引き出す**集団づくり（学級経営）**および ICT を活用した授業デザインやきめ細かな指導・支援を挙げている。したがって，学習指導における「主体的・対話的で深い学び」の実現に向けた授業改善にはファシリテーション能力が不可欠である。

（2）ファシリテーションとは

　外国語の授業においては，これまでの章で見てきたように，言語活動を中核に据え，協同的に進めることが必要であり，そのためにはファシリテーション技術を用いることが有効である。なぜなら，前章でも述べたように，現行の小学校学習指導要領（外国語活動・外国語）（2017〈平成29〉年告示）では，「話すこと」が「**やり取り**」と「**発表**」の2つの領域に分けられており，特にやり取り（インタラクション）による（即興的な）言語活動を通して，「思考力・判断力・表現力等」の資質・能力の育成を目指しているからである。

　第2言語習得における「インタラクション仮説」（Long, 1996）によると，言

107

第Ⅰ部　外国語教育の理論

語を使って意思や情報をやり取りするインタラクションが，言語学習者の第2言語の学習を容易にする。また，言語学習者は，インタラクションによる意味交渉を通して「理解可能なインプット」や「フィードバック」を受けたり「アウトプット」を行い，目標言語の構造に気づいたりする機会を得ることができる。したがって，英語によるペアやグループ活動の使用などの**協同的な学び**が奨励されている。しかしながら，このような活動が効果的になるためには，学習者同士がより良い人間関係の中で協同的に活動を行う必要があり，そのためにはファシリテーション技術が有効である（大場，2020）。教師のみならず児童もファシリテーション技術を習得し，集団と個人の成長を互いに支援する協同的な学びを目指した外国語の授業をデザインすることが，今後，ますます必要になってくる。

　そもそも**ファシリテーション**（facilitation）とは，一般的に，「集団による知的相互作用を促進する働き」（堀，2018：23）である。また，「集団による問題解決，アイディア創発，合意形成，教育・学習，変革，自己表現・成長など，あらゆる知識創造活動を支援し促進していく働き」（堀，2018：23）がファシリテーションである。さらに，中央教育審議会（2021）は，ファシリテーションを「集団が持つ知的相互作用を促進する働き。人が本来持っていた力を引き出し，相互にかけ合わせることで増幅し，集団の力を最大限に高めていく」こと定義づけている。つまり，一人ひとりの意見を生かし，合意形成（話し合いの中で参加者が納得して意見をまとめること）や課題解決を進めるための話し合いの技術のことであり，私たちが本来持っている力を発揮して，皆で意見を出し合いながらチームの力を最大限にするための技術である（ちょん，2022）。

　さらに，ファシリテーション技術を活用して話し合いや会議などの場を進める人を**ファシリテーター**と言い，ファシリテーターはプラスの相互作用を高め，マイナスの相互作用をプラスに転じる役割を果たす。このように，ファシリテーションは，プロセスを舵取りすることで内容を高めるという特徴がある。また，話し合いの参加者のことをサイドワーカーと言い，うまくいっている話し合いは，ファシリテーターの力3，サイドワーカーの力7くらいのバランスであり，サイドワーカーが協力的に参加し，積極的に発言することによって話

し合いの質が上がる（ちょん，2022）。

　外国語（英語）の授業においても，教師だけでなく児童も含めて全員がファシリテーターになることで，「主体的・対話的で深い学び」や協同的な学びが実現される。そして，一人ひとりの個別の学びも充実してくる。ファシリテーションは誰もができる技術である。ちょん（2022：36）は，ファシリテーターとサイドワーカーの心得を以下のように述べている。外国語（英語）の授業においても，教師も児童もファシリテーターとサイドワーカーのどちらもできるようになることが不可欠である。

ファシリテーターの心得	サイドワーカーの心得
1．主役は自分ではなくみんな。	1．好意的な関心の態度で意見を聞き合う。
2．好意的な関心の態度を示す。	2．「わからない」も立派な意見。
3．中立，公平，対等に振る舞う。	3．話過ぎない，聞き過ぎない。
4．上手に頼ることができる。	4．ファシリテーターに協力する。
5．貪欲に学び，リサーチしよう。	5．温かい声かけをする。
6．自分やみんなの強みを活かす。	6．批判的思考を差し込む。
7．振り返りを積み重ねる。	

2　外国語活動・外国語科とファシリテーション

　前章で述べたように，協同学習の技法（ストラクチャー）を用いた授業は，学習者の学習意欲を高めるために有効である。しかしながら，技法も知識として持っているだけではなく，教師も児童も生きた知識として実際に使いこなせることが重要である。協同学習の技法にファシリテーション技術を兼ね合わせていくことで，英語による言語活動が生き生きとしてくるだろう。協同学習もファシリテーションも技術であるので，練習を繰り返すとうまくできるようになる。外国語活動と（教科としての）外国語の特質をふまえながら，教師も児童もファシリテーターとなり活動するためには，英語ファシリテーション技術に基づく英語授業をデザインすることが重要である。普段の生活では使用しない外国語（英語）の学習は努力と忍耐が必要であると言われるが，ファシリ

第Ⅰ部　外国語教育の理論

テーション技術を用いて，間違えながらも振り返り，楽しく，繰り返し練習できれば，いつの間にか外国語が身についていくだろう。

　石川・ちょん（2022：37〜45）は，国語ファシリテーションについて様々な提案を行っているが，その土台となる授業におけるファシリテーションについて，ファシリテーターの「5つの場づくり」と「6つの技術」を提案し，解説している。それらをもとに，外国語（英語）授業ファシリテーションの文脈において，どのように具現化できるであろうか。

（1）ファシリテーターの「5つの場づくり」

　以下では，まず最初に，石川・ちょん（2022）の「5つの場づくり」を，外国語活動・外国語の指導の枠組みの中で紹介する。

① 教科におけるファシリテーションの進め方

　「教科としての特性をつかむ」「授業プログラムデザインを組み立てる」および「授業が楽しいという実感を大切にする」という3つの要素から構成される。小学校中学年の外国語活動では「聞くこと」と「話すこと［やり取り］」「話すこと［発表］」の2技能3領域，小学校高学年の外国語では「聞くこと」「話すこと［やり取り］」「話すこと［発表］」「読むこと」と「書くこと」の4技能5領域における言語活動を通してコミュニケーションを図る素地や基礎となる資質・能力を育成することになる。外国語（英語）活動・外国語の単元構想や授業構想において**バックワード・デザイン**と**パフォーマンス課題**の設定はとても重要である。外国語（英語）活動・外国語の学習を通してどのような英語力を身につけ，さらにどのような子どもたちに育ってもらいたいかを明確にしたいものである。

　また，授業プログラムをデザインする際にも，協同学習の基本的な構成要素（第6章の Johnson et al.〈2002〉と Kagan〈2013〉を合わせると7つ）と後述のファシリテーションの6つの技術を組み入れることで，安心・安全でエンパワメントな授業設計ができるであろう。そして，児童が「○○ができた！」や「次は△△に挑戦する」という（目標への到達による）達成感や英語への自信（**自己効力感**）による「英語授業が楽しい」という実感が持てるような授業のプログラ

110

ムデザインができることが重要である。さらに**教科横断的な要素**を取り入れていくことも必要である。

② 2つのルール

「失敗や間違いは OK」と「言いたくないことは言わなくていい。言えることだけで進めていく」という 2 つのルールを児童と共有する。母語ではない外国語（英語）の学習には間違い（error）はつきものである。母語でさえも，子どもたちは日々間違えながら発達していく。学習者の間違いを分析（誤答分析）していくことによって，外国語の発達段階もある程度わかる。ファシリテーターは，間違いに対する言語的なフィードバックと合わせて励ましや応援を与え続け，英語の正確性（accuracy）を気にせず，まず英語を自由に話せる安全・安心な場づくりをすることが必要である。

外国語（英語）の授業において，筆者は以下のような教室ルールを小学生から大学生まで伝えている。

1．Mistakes are OK. Let's try! Enjoy making mistakes.
2．Help and respect each other.
3．Practice Repeatedly.
　　Take it easy and have fun studying English!

このようなルールを設定し，毎授業の冒頭で児童と共に確認し，皆が意識していくことで，児童も「先生，間違えても OK だよね」と安心して言語活動等に挑戦できるだろう。教室では「うまく英語が話せない」「うまく英語が書けない」「うまく英語が読めない」「英語を聞いてもさっぱりわからない」「そもそも分からない」ことは最も尊重されなければならない。この困り感を大切にし，失敗や間違いを恐れず，そこから学んでいけるようにファシリテーターは支援し，励まし続ける。また，児童同士が尊重し合い，助け合う関係性を外国語の学習を通して育むことができると最高である。Kim（2001）は，「成果の質」を高めるためには「関係性の質」を高めることが重要であり，そのことによって「思考や行動の質」が高まり，最終的に成果の質が高まると述べている。

第Ⅰ部　外国語教育の理論

③　エンパワメントの法則

エンパワメントの法則（ちょん他, 2014）は，個人やコミュニティが本来持っている力を発揮して，ゴールに向かうまでのプロセスの作り方を示した法則である。ここでは，エンパワーは，励ます，応援する，さらには任せるという意味で用いている。エンパワメントの法則には，次の3つのステップがある。

第1ステップ：まずは，失敗ゼロにする（強みを強化）。

第2ステップ：小さな成功体験を繰り返す（小さなチャレンジ）。

第3ステップ：大きな飛躍にチャレンジ。

よく教師は，失敗しても良いからチャレンジしようと（励ますつもりで）言いがちであるが，英語が苦手で全くよくわからない児童にとっては，ハードルが高すぎる場合もある。例えば，Small Talk などを例にとると，「間違ってもよいから，単語でもよいから何か話そう」と励ますが，単語一語を言うこと自体が困難な児童もいる。そのような児童には，まず，Small Talk で最低限必要となる，疑問文や答えとなる単語（食べ物や好きなものなど），あいづちなどを徹底的に練習し，それだけは言えるようにすることで失敗をゼロにすることができる。それを何度も繰り返して，小さな成功体験を積み重ねるうちに，次のステップにチャレンジしていくことができるであろう。この段階では，たとえチャレンジがうまくいかなかったとしても，失敗から多くのことを学び進み続けることができる。ただし，ここでは3つのステップを行ったり来たりすることも重要である。その時に必要なことが，仲間との協同学習や仲間の応援である。たとえグループの目標に向かって学びを進めている時であっても，全員が個の成功（個人の責任）を達成できなければ，グループ全体の目標を達成したことにはならないからである。

④　コミュニティの成長を育む5ステップ

授業を楽しく進めるためのコミュニティへ成長するためのプロセスとして，以下の5ステップがある。

第1ステップ：明るく楽しい。笑顔やユーモアがある。

第2ステップ：自分のペースが尊重される。承認し合う関係がある。

第3ステップ：深刻な課題を，協働的に解決できる。

第 4 ステップ：そのための技術や方法を，コミュニティのみんなが持っている。

第 5 ステップ：自分や友達，コミュニティの成長を実感できる。

　外国語の授業では，クイズやゲームなどを用いた活動を頻繁に行う。教師だけでなく，児童自身が 3 ヒントクイズなどを作成することもよくある。かるたやすごろく，神経衰弱（matching/memory game）などを用いて楽しく英語を学ぶことも多い。第 2 ステップとしては，1 人 1 台の端末とデジタル教科書の普及により，単語や文の発音練習などが個別にできる。また，パフォーマンス課題の内容をグループで考え，その練習として，プレゼンテーションのリハーサルを何度も録画し，グループの仲間と良いところを褒め合ったり，改善点を指摘し合うこともできるだろう（第 3 ステップ）。そして，協同的なグループへ成長していくために，協同学習の技法や後述のファシリテーションの技術を何度も練習し，身につけていくことができる。

　いずれにしても，良好なコミュニケーションは自然発生しない。授業のはじめに相手を替えて 1 〜 2 分程度の対話を数回行う Small Talk などで，多くのクラスメイトと英語による小さなコミュニケーションをたくさんとることによって，笑顔のある，楽しい授業を目指すことが最も重要である。

⑤　一斉授業と協同的な授業のバランスをとる 5 つのステップ

　一斉授業と協同的な授業のバランスは大変重要である。岩瀬・ちょん（2013）は，以下の 5 つのステップを提案している。

第 1 ステップ：一斉授業が中心。学び合いは，15 分までが目安。

第 2 ステップ：子どもたちが承認し合う関係を育む。学び合いは，15 分までが目安。

第 3 ステップ：子どもがファシリテーターの技術を練習する。

第 4 ステップ：子どもがファシリテーターとなる。学び合いは，20 分以上が目安。

第 5 ステップ：単元のほぼすべてを，子どもたちのちからで探求しながら進める。

　児童が主体的・自律的に活動していくためのステップではあるが，①で述べたように教科の特性は考慮に入れる必要がある。外国語活動・外国語の場合，

第Ⅰ部　外国語教育の理論

外国語の習得過程に基づくと，まず，良質な大量のインプットが必要である。ICT を用いたり，教師による，学習者のレベルに合わせて語彙・文型・スピードなどをコントロールして話す Teacher Talk を用いたデモンストレーションによる大量の「理解可能なインプット（comprehensible input）」（Krashen, 1985）が必要となる。この部分では一斉授業（活動）が中心になる。しかしながら，外国語によるコミュニケーション活動においては，ペアやグループなど，子どもたちがお互いを承認し合いながら学び合うことが大切である。パフォーマンス課題においても，グループでプレゼンテーションをする場合などは子どもたち自身が自らファシリテーターとなり，役割分担を決め，最良のパフォーマンスができるように学び合う。誰に対してどのような内容を，どのような表現を用いて，どのように発表したら相手に伝わり，目的が達成できるのか（相手意識と目的意識）をグループで思考・判断・表現するすることによって，子どもたちで探究していくことが大切である。

（4）ファシリテーションの「6つの技術」

　ファシリテーションには6つの技術があり，ファシリテーターはこれらの技術を組み合わせて活用し，目標の達成を目指す（例えば，岩瀬・ちょん，2011；2013）。外国語（英語）の授業においても大変重要な技術である。これらの技術を，教科の特性に合わせて，授業の中でどのように具現化し実践していくかが大切である。以下，ちょん（2016）と岩瀬・ちょん（2011；2013）をもとに，外国語活動・外国語を例に挙げながら6つのファシリテーション技術を解説する。

① 　インストラクション（説明・指示）

　指示や説明を行う技術である。穏やかなトーンでわかりやすく説明する。繰り返しなどを省いてシンプルで雑音（「え〜」「あの〜」「えっと」などのノイズ）の少ない上手なインストラクション（instruction）で，誰もが安心して授業に参加できるようにする。何をすれば良いかが明確で，ドキドキワクワク感があると良い。

　英語では，フィラー（filler：つなぎ言葉）と呼ばれる "Well……." "Let me see." "Umm" などがノイズに相当するが，一般的な会話では，フィラーは自

分は考え中であることを示したり，会話に余裕を持たせるために使用するコミュニケーション方略（communication strategy）の一種であり，対話などのやり取りでは効果的に使用できると良い。説明や指示においては，（Teacher Talk を用いて）フィラーもなくシンプルに話したい。英語で説明したらわからない児童がいるのではないかと懸念されることも多いが，児童がわかるように易しい英語でインストラクションすることが重要である。また，児童全員が一語一句を理解する必要はない。理解できていない児童がいるような場合は，ペアやグループで内容を確認することで協同的な学びに変わる。言語活動のインストラクションにおいては，デモンストレーションを入れることが大切である。少し複雑な活動内容の時は，日本語でインストラクションを行い，英語による活動時間をできるだけ多くとりたい。

　価値のインストラクション[1]は，私たちがこの教材を学ぶ価値をインストラクションするものである。英語授業においては，言語活動や練習の活動が単元末のパフォーマンス課題にどのように直結しているのか，実際に外国の人にどのような場面で使用できるのか等を共有する。インストラクションの中に，自己選択，自己決定を尊重する選択肢が示されていたり，否定（Don'ts）ではなく，肯定（Dos）を基本にしたポジティブな指示を用いることも重要である。まずは，あいさつ，指示，質問など英語の授業で用いられる表現である Classroom English を何度も口に出して練習し，体に染みこませ，Teacher Talk を用いて実際の教室場面を意識しながら練習しよう。

② 　クエスチョン（質問・問い立て）

　対話や議論，試行錯誤や探究を促進する問い立ての技術である。明確な道筋を示す閉じた質問である**クローズドの問い立て**（closed questions）や相手の思考に寄り添い深めるための開かれた質問である**オープン・クエスチョン**（open questions）がある。ファシリテーターの本質的な技術であり，外国語活動・外国語においては，後述の Small Talk におけるオープン・クエスチョンとあいづち（responses）は，話の内容を深め，会話を続ける手立てとして大変有効で

---

(1) 　価値のインストラクションについては，石川・ちょん（2022：47）を参照。

第Ⅰ部　外国語教育の理論

ある（今井他，2023；浦下・大場，2025；大場，2020；大場他，2021；高井・大場，2022；渡邊・大場，2025）。リスニング活動においては，事実発問（聞いた内容の中に答えがあるもの）と推論発問（聞いた内容に答えはなく，推測したり，考えなければならないもの）の使い分けが必要である。

　また，単元末パフォーマンス課題を設定する時の「本質的な問い」も重要である。「本質的な問い」では，単純な1つの答えがあるわけではなく（探究を触発し，様々な深まりを促す），個別の知識・技能が総合されていくような問いであり，かつ様々な文脈で活用できるような問い（転移）が望ましい。

③　アセスメント（評価，分析，翻訳）

　アセスメント（assessment）は，全体の状況から現状を分析し（子どもたちの様子を読み取り），評価，分析あるいは翻訳する技術である。人の行動には必ず理由があるため，行動の理由や背景，原因を分析し，翻訳することが大切である。共有したすべての情報から仮説を立て，次の一手を考える。例えば，「単語が全く分からないから Small Talk にやる気が起きない」「隣の席の子とケンカしてしまったので，ペア・ワークやグループ・ワークに参加したくない」「発音に自信がないから，英語を話したくない」など，見たままの行動ではなく，その背景や理由に焦点を当てて詳細に分析していくことによって，次の具体的な手立てを準備できる。石川・ちょん（2022：52）は，教科におけるアセスメントのポイントは，①個別の資質・能力や認知の特性，学習状況と②協同する力やコミュニティの現在地に分類している。①では児童個々の**学習方略**（learning strategy）が参考になる。学習方略とは，「学習の効果を高めることをめざして意図的に行う心的操作あるいは活動」（辰野，1997）のことである。英語学習方略に関しても様々な提案がなされており，以下の6点が代表的なものである。児童それぞれが，自分に合った方略を選ぶことも大切である。

　記憶方略（memory strategy）：ゴロ合わせ，カテゴリー分け，語源を利用する。

　認知方略（cognitive strategy）：類推する，ノートにまとめる，練習する。

　補償方略（compensation strategy）：母語の使用，ジェスチャーの使用，特定の話題を回避する。

　メタ認知方略（metacognitive strategy）：学習を計画する，目標を設定する，

第7章　小学校外国語教育とファシリテーション

自己評価する。

情意方略（affective strategy）：不安を軽減する，自分を褒める，音楽を使用する。

社会方略（social strategy）：質問する，友達をつくる，誤りを訂正してもらう。

②に関しては，Small Talk がアセスメントの方法にもなる。1分ずつ交代で Small Talk を行っても，1分続かない教室もある。逆に，1分経ってもまだ話し足りないような教室もあるかもしれない。もしかすると，Small Talk が成立しない教室あるかもしれない。そのような場合は，30秒や45秒などに設定し，何度も繰り返し練習することによって小さな成功体験を積み重ね，徐々に時間を伸ばすことができる。児童同士がアセスメントし合い，温かでエンパワメントは教室環境をつくることができると良い。

④　フォーメーション（隊形）

グループ編成や参加者，場面を選択する技術である。場にふさわしい（目的に応じた）机やイスの配置を工夫する。スクール形式，アイランド形式，コの字，ロの字，サークル，扇方などがある。ソロ，ペア，グループ，全員など，場の見立てに応じて，最適な教室デザインや形態を選択することが重要である。また，ペアで活動する場合に，正面のパートナーをフェイス・パートナー（face partner），隣パートナーをショルダー・パートナー（shoulder partner）と呼ぶことにより，ペア・ワークがスムーズに行える。

⑤　グラフィック＆ソニフィケーション（可視化，可聴化）

見えない，聞こえないものを，「見える化（可視化）」「聞こえる化（可聴化）」する技術である。何を共有すれば（もしくはしなければ）場が促進されるか（エンパワーされるか）が指標となるだろう。紙やホワイトボードに意見を書く，ベルを鳴らして合図を送るなど，見える化や聞こえる化で，情報共有が進むに環境づくりをすることができる。

具体的に，授業におけるグラフィックにはどのようなものがあるか。大きく以下のようになる（石川・ちょん，2022：59）。

・掲示物や板書，学びの歴史，手順など，マネジメントや仕組みの可視化。

・ノートやミニホワイトボード，タブレットなど，個人の意見や学びの可視化。

117

第Ⅰ部　外国語教育の理論

•黒板，ホワイトボードやタブレットなどに集積した協同的な学びの可視化。

リスニングの活動では，聞いた内容をミニホワイドボードに書いて可視化することによって，全員の解答を一斉に確認することもできる。また，パフォーマンス課題に向けた意見の発散などにおいても，相手の意見をオープン・クエスチョンとあいづちを用いて聞きながら，その内容をミニホワイドボードに書いていくこともできる。さらに，Small Talk やパフォーマンス課題の練習段階において，タブレットを用いて動画に撮ることによって（可聴化），有益な改善点等を把握することができる。

各単元のパフォーマンス課題の最終成果物や動画，また，そこまでに準備した資料をポートフォリオとしてファイルしておくことにより，学びの履歴が可視化され，次の単元へ発展させることもできる。これまで学んできたことを可視化することにより，自分の学びに自信が持て（自己効力感），さらに学習意欲が高まるであろう。

⑥　プログラムデザイン（設計・授業計画・単元計画）

授業計画，単元計画，年間計画などのゴールに到達するためのアクティビティ（学習内容）を組み立てる技術である。ファシリテーターは，ファシリテーション技術①〜⑤を用いて，最適なプロセスと結果を共に目指す。プログラムデザインの進め方は以下の通りである（岩瀬・ちょん，2013）。

(1)学びや活動のゴールと価値のインストラクションを共有。

(2)全体の流れ（進め方）と評価基準の共有。

(3)活動とドキドキワクワクのチャレンジ（学び合い）。

(4)観察とカンファレンス，レクチャーの繰り返し。

(5)学びの成果共有と価値のフィードバック。

(6)振り返り。

第３章で述べた，小学校英語教育で目指す英語力とはどのようなものだっただろうか。中学年と高学年それぞれで，英語学習を通してどのような子どもになってほしいのか，その目指す姿を児童と共有することは大切である。年間計画に従って，各単元において最終ゴールに迫るために，バックワード・デザインで各授業のゴールと言語活動をもとに学習内容を設定していく必要がある。

第7章　小学校外国語教育とファシリテーション

ゴールとしての **Can-do** リストと**パフォーマンス課題**の評価のための**ルーブ
リック**（**評価基準**）を共有することも大切である。絵や写真をモニターに映し
たり，実物教材（realia）やジェスチャー等を交え，易しい英語を用いてデモン
ストレーションすることで，子どもたちはどんなことを伝えようとしているの
か，これからどのようなことをすればよいのかを推測し行動に移すことができ
る。

　第8章と第9章の実践の紹介では，協同学習やファシリテーション技術をふ
んだんに取り込んだ実践を紹介している。どのようにプログラムデザインが進
められているか確認してほしい。

3　外国語活動・外国語科とホワイトボード・ミーティング®

　ちょん（2016）によると，**ホワイトボード・ミーティング®**とはファシリテー
ション技術の1つであり，ホワイトボードを活用して，参加者の意見やアイ
ディアを集める効率的・効果的な会議の進め方であり話し合いの技法である。
2003年にちょんせいこ氏（株式会社ひとまち）が開発し，教育や福祉など幅広
い領域で，様々な年代の方に取り組まれている。

　ホワイトボード・ミーティング®では，オープン・クエスチョンとあいづち
を用いながら深い情報共有を目指し，意見を可視化することで，お互いを承認
し合う関係を築く。学習者が学び合い，良好なコミュニケーションをもとに
ゴールを目指すための進行役がファシリテーターであり，学習者一人ひとりの
意見や力を生かす環境調整を進めていく。教師と児童が共にファシリテーター
になることによって，教室に豊かな対話が生まれ，「主体的・対話的で深い学
び」の充実を目指すものである（ちょん，2016）。豊かな言語活動を通してコ
ミュニケーションを図る素地や基礎を育成する外国語教育においては，必要不
可欠な技能であると言えよう。

　外国語教育におけるホワイトボード・ミーティング®の活動例に関しては，
大場（2020）で詳しく紹介されているが，以下では，2つのステップの活動を
紹介する。

119

第Ⅰ部　外国語教育の理論

（1）第1ステップ——ミニホワイトボードを活用した対話

　第1ステップは，ミニホワイトボードを用いて自分の意見を伝え合う活動である。教室で手を挙げる児童は限られている。せっかく挙手しても発言できないと残念な気持ちになるし，手を挙げていない児童にも意見があるだろう。しかし，ミニホワイトボードに書くと全員の意見が分かる（参加の平等性と活動の同時性）。

　例えば，「Yes-Noクイズ（Yes-No Quiz）」は，教師や仲間の英語によるYes-Noクエスチョンに答えるものである。全員がYesかNoを書いたミニホワイトボードを頭上に挙げ，教師は読み上げ承認する。また，「意見表明（Express and share opinions）」では，例えば What's your favorite food? など，好きな食べ物やスポーツなどを問う。同じように，全員が自分の回答を書いたミニホワイトボードを頭上に挙げ，教師は読み上げ承認する。最初は日本語で行い，やり方に慣れてきたら英語に切り替えても良いであろう。

（2）第2ステップ——オープン・クエスチョンとあいづちで，思考と対話を深める

　表7-1は9つの「オープン・クエスチョン」と8つの「あいづち」の日本語版（ちょん，2010）と英語版（Ohba, 2018；大場，2020）である。小学生にとってはすべてを使用するのは困難であるので，いくつかを抜粋して使用するのが良いと思われる。これらのオープン・クエスチョンとあいづちを用いた Small Talk は大変有効で，様々なトピックについてお互いに聞き合い，考えや気持ちを伝えられる言語活動を目指すと良いだろう。

　先に述べたように，Small Talk は，授業のはじめに相手を替えて1～2分程度の対話を2回程度行う対話的な言語活動であり，その目的は，①既習表現を繰り返し使用できるようにしてその定着を図ること，および②対話を続けるための基本的な表現の定着を図ることである（文部科学省，2017：84）。「オープン・クエスチョン」と「あいづち」を用いて表7-2の手順で行うことが良いであろう。Small Talk を行う前に，毎回，「オープン・クエスチョン」と「あいづち」の練習を必ず行い，マスターする。その後の指導者によるモデルが重

第7章　小学校外国語教育とファシリテーション

表7-1　ホワイトボード・ミーティング®質問の技カード・9つの
「オープン・クエスチョン」と8つの「あいづち」

オープン・クエスチョン	Open questions
1．〜というと？	What do you mean?
2．どんな感じ？	Tell me more.
3．例えば？	For example?
4．もう少し詳しく教えてください	Tell me more details.
5．具体的にどんな感じ？	More specific?
6．どんなイメージ？	What kind of image?
7．エピソードを教えてください	Tell me the episode.
8．何でもいいですよ	Anything is OK.
9．他には？	Anything else?
あいづち	Responses
1．うんうん	Uh-huh.
2．なるほど，なるほど	I see.
3．わかる，わかる	I get it.
4．そうなんだあ	Yes.
5．へえ	Really.
6．だよねえ	Right.
7．それで，それで	And then?
8．そっかあ	I understand.

出所：ちょん（2010），Ohba（2018），大場（2020）をもとに筆者作成。

表7-2　Small Talk の手順

指導者による会話提示	指導者が会話のデモンストレーションを行う。直後に児童に気づいたことを問いかけ，新出の会話表現やポイントへの気づきを促す。
児童同士の会話①	児童同士で必要な表現を選び，トピックに沿った会話に取り組む。簡単な挨拶から始め，1分間の会話に挑戦する。
カンファレンス	会話の困り感を全体で共有する。言いたかったけどうまく言えなかった内容を交流し，適切な言い方や既習表現での言い換えを全体で考える。
児童同士の会話②	カンファレンスで得た情報をもとに，もう一度同じトピック，異なる相手と会話する。
振り返り	自分自身の会話の様子を振り返ったり，児童同士で感想を言い合ったりする。

出所：文部科学省（2017）をもとに筆者作成。

第Ⅰ部　外国語教育の理論

図7-2　Small Talk の Model

```
A：What's your favorite food?
B：I like curry and rice.
A：I see. Tell me more.
B：OK. I like spicy curry and rice.
A：Really. Tell me the episode.
B：Yesterday I ate curry and rice with my sister.
　　My mother cooked it. It was very delicious. I was very happy.
A：Great!
```

要である。図7-2は，一例である。1回目の児童同士の Small Talk では，ファシリテーターとしてオープン・クエスチョンとあいづちを用いて聞く児童と話す児童を決め，1分後に交代する形式で行う。カンファレンスは，一般的には中間指導や中間評価と呼ばれているが，児童自身が教師，ALT や仲間と共に，あるいはタブレットを用いて主体的にうまく言えなかった表現を思考する時間であるため，この用語を用いる。

　学習指導要領において，外国語活動と外国語科の目標に述べられているコミュニケーションを図る素地と基礎は，「言語活動を通して」育むものである。しかしながら，限られた知識や技能しか持たない英語を用いてコミュニケーションを図ることは，自信もなく不安である。さらに，教師の中にはいまだに，単語や文法，表現を知らないとコミュニケーションができないと信じている教師もいる。英語の力を身につけるためには「主体的・対話的で深い学び」を実現する外国語活動・外国語科の授業をデザインしていくことが重要であり，そこにファシリテーション技術が有効である。

学習課題　①　外国語学習においてペアやグループ学習を行う場合，安心・安全な教室環境が必要であるが，どのようにファシリテーション技術を用いると有効か，話し合ってみよう。

②　外国語学習においてどのようにファシリテーション技術を用いると効果的な言語活動を行うことができるか，話し合ってみよう。

第 7 章　小学校外国語教育とファシリテーション

引用・参考文献

石川晋・ちょんせいこ『対話で学びを深める国語ファシリテーション』フォーラムＡ企画，
　　2022年。

今井洋太・中山弥那子・西川知輝・大場浩正「外国語科における継続的な Small Talk が児
　　童の発話パフォーマンスと自己効力感に与える効果」『上越教育大学研究紀要』第43巻，
　　2023年，303〜312頁。

岩瀬直樹・ちょんせいこ『よくわかる学級ファシリテーション①　かかわりスキル編』解放
　　出版社，2011年。

岩瀬直樹・ちょんせいこ『よくわかる学級ファシリテーション③　授業編』解放出版社，
　　2013年。

浦下楓・大場浩正「小学校外国語科における温かな人間関係が児童の学習意欲に与える効果
　　──協同学習とファシリテーション技術に基づく自己決定理論の心理欲求の充足を目指
　　した授業実践」『上越教育大学教職大学院研究紀要』第12巻，2025年，145〜154頁。

大場浩正「英語学習におけるファシリテーション技術の活用──ホワイトボード・ミーティ
　　ング®の有効性に関する予備的実践の報告」尾島司郎・藤原康弘編『第二言語習得論
　　と英語教育の新展開』金星堂，2020年，39〜54頁。

大場浩正・高井季代子・井口元貴・金澤直哉「小学校英語指導におけるファシリテーション
　　技術を取り入れた協同的な活動の開発」『上越教育大学研究紀要』第41巻第1号，2021
　　年，203〜213頁。

髙井季代子・大場浩正「小学校外国語科におけるタスクベースの授業づくり──協同学習と
　　ファシリテーションに基づき，自信をもって発表するために」『上越教育大学研究紀要』
　　第42巻，2022年，135〜144頁。

辰野千尋『学習方略の心理学──賢い学習者の育て方』図書文化社，1997年。

中央教育審議会「『令和の日本型学校教育』の構築を目指して──全ての子供たちの可能性
　　を引き出す，個別最適な学びと，協働的な学びの実現（答申）」2019年。https://www.
　　mext.go.jp/content/20210126-mxt_syoto02-000012321_2-4.pdf

中央教育審議会「「令和の日本型学校教育」を担う教師の在り方特別部会（第3回）・教員免
　　許更新制小委員会（第4回）合同会議資料2（令和3年8月4日）」2021年。https://
　　www.mext.go.jp/kaigisiryo/content/20210803-mxt_kyoikujinzai01-000017240_3.pdf

ちょんせいこ『元気になる会議──ホワイトボード・ミーティングのすすめ方』解放出版社，
　　2010年。

ちょんせいこ『13歳からのファシリテーション』メイツ出版，2022年。

ちょんせいこ『ホワイトボード・ミーティング®検定試験公式テキスト Basic 3 級』ひとま
　　ち，2016年。

ちょんせいこ・西村善美・松井一恵『ファシリテーターになろう！──6つの技術と10の

第Ⅰ部　外国語教育の理論

　　アクティビティー』解放出版社，2014年。

堀公俊『ファシリテーション入門』（第2版）日本経済新聞出版社，2018年。

文部科学省「小学校外国語活動・外国語　研修ガイドブック」2017年。https://www.mext.
　　go.jp/a_menu/kokusai/gaikokugo/__icsFiles/afieldfile/2017/07/07/1387503_1.pdf

渡邊紘子・大場浩正「小学校外国語科における L2WTC を高める手立てとその成果」『上越
　　教育大学教職大学院研究紀要』第12巻，2025年，165〜174頁。

Kim, D. H. *Organizing for learning: Strategies for knowledge creation and enduring change.*
　　Waltham, MA: Pegasus Communications, Inc. 2001.

Krashen, S. D. *The input hypothesis.* Longman, 1985.

Long, M. "The role of the linguistic environment in second language acquisition." In W. C.
　　Ritchie & T. B. Bhatia (Eds.), *Handbook of second language acquisition.* San Diego, CA:
　　Academic Press, 1996, pp. 413-468.

Ohba, H. "Using a facilitation technique to foster learner autonomy for communication in
　　English: Based on Whiteboard Meeting®." *The Proceedings of CLaSIC 2018
　　(Motivation, Identity and Autonomy in Foreign Language Education),* 2018.

第Ⅱ部

外国語教育の実践

第8章

小学校中学年の外国語活動授業実践

第Ⅰ部の外国語教育の理論をふまえて，本章では第3学年と第4学年の外国語活動の実践を紹介する。第3学年では，『Let's Try! 1』を用いた実践を，第4学年では『Let's Try! 2』を用いた実践をそれぞれ提案する。紹介する実践は，教育現場で実際に実践したものをもとにしている。中学年では音声を中心とした指導が中心となる。中学年の発達段階を考慮に入れた上で，指導内容や指導方法を考え，それぞれの学校現場においてどのように取り入れられるかを学んでいこう。

1 中学年の発達段階の特徴

中学年は学校生活でも，できることがたくさん増え，日本語の語彙や表現も大きく成長する段階となり，より複雑な説明なども理解できるようになる。運動能力も高くなり，敏捷に走り回り，球技スポーツなど新たな運動にも挑戦する年齢となる。社会性も発達し，ゲームやスポーツのルールを理解し，皆で取り組むことの楽しさを感じることができるようになる。この年齢は「ギャング・エイジ」と表現されることがあるくらい，担任をからかったり，いたずらをしてみたり，教室内でのルールは理解しているものの，それを逸脱したくなる年代でもある。つまり好奇心がぐっと高まる時期なのだと言える。

英語の学び方では，間違いを恐れることなく，「音」をそのまま真似てみたり，少し面白いイントネーション（intonation）や発音があると何度も真似して面白がったりもする。指導者がある表現を言わせようとしても，自分の言いたい気持ちの方が先行し，単発的に単語1つで反応したり，短い文で言おうとしたりすることも増えてくる。逆に，言いたい気持ちが高まらない，機械的に言

第Ⅱ部　外国語教育の実践

わされている，児童の発達段階に合わない授業内容に対しては露骨に「意味が分からない」と発言するなど，指導者を困らせてしまうこともある。まだ表現するための「音」が安定しない段階からペア活動を行っても，内容語（名詞や動詞など）のみでのやり取りや日本語が出てきてしまう場面を見ることも珍しいことではない。

　このような言葉の学び方をする中学年の児童は，英語らしい「音」を自然に自分の中に取り入れようとし，自分にとって意味のある言葉のやり取りになっているかどうかに敏感に反応する最後の学年と考えても良いだろう。前述のように，間違いを恐れず，意欲的で，不完全であっても表現したい気持ちが高まる中学年だからこそ，その特徴を生かした授業設計をしていくことが必要である。語学教育研究所（第10研究グループ）（2012）は，次のように述べている。

　　一息で言い切れるような短い文で，子どもの日常の経験を尋ねあい，情報を交換できるような活動を通して，英語を使うことのおもしろさを体験させたい。英語をたくさん聞かせて，その英語の音の流れを受け止め，内容を把握させていく指導を心がけたい。子どもが日常体験している範囲のことを聞かせ，実物やイラストなどを用いて内容を確認する程度にとどめると，英語で得た情報がそのまま英語で蓄えられていき，次の英語で表現しようとする段階に結びつく。不確かな理解を日本語で解説することは避け，子どもの推理する力を辛抱強く育てたい。

このような「音」への敏感さを生かした指導方法として，ぜひ取り入れたい活動例として，正しい英語の拍やイントネーションを活かした**ナーサリー・ライム**（nursery rhyme：童謡）と**早口言葉**を紹介したい。ナーサリー・ライムとは，同じ音や非常に近い音を繰り返し取り入れられている短い詩や歌のことである。音の響きを楽しむことができる。[(1)]

　早口言葉に関しては，久埜・粕谷（2008：162〜165）では，オリジナルの「早

---

　(1)　Wee Sing シリーズ（Price Stern Sloan 出版）などはおすすめの歌集である。

口ことば」が紹介されている。そこでは，子どもが一息で言える程度の長さ，意味とリズムに面白みのある，発話の発達に合わせたものが紹介されている。例えば，以下のものである。

Bubble, bubble, bubble;
Boys are chewing their bubble gum;
Bubble, bubble, bubble.

　英語が母語の子どもたちが楽しむようなものではなく，一息で言える程度のものである。これらは，決して早く言うことを目的としているのではなく，英語の音の面白さ，2拍のリズム，リンキング（linking），子音の明確な音の出し方などを身につけるためのものである。逆に早く言いすぎると，それらの音やリズムがおざなりになってしまいがちになるので注意が必要である。また，前述のように，中学年の児童は，その音の流れに面白味を感じ，何度も挑戦し，自分の今ある力で乗り越えさせていく成功体験を積み上げることにより，より自分から前のめりになって練習しようとする。そこには，単にやらされている練習ではなく，練習することの意味や面白みを感じ取りながら自分で取り組もうとする主体的な心の動きが生まれてくる。このような「音あそび」を授業のはじめや終わり，少し時間の余った時などに無理なく取り入れていきたい。

　英語の自然な音の流れを無理なリズムに乗せようとしている**チャンツ**（chant）や替え歌などがインターネットでも多数紹介されているが，使用には十分に注意したい。その理由は前述にある通り，正しい英語のリズムやシラブル（syllable：音節）が間違った長さで発音されたり，文の中の単語のアクセントが不自然だったりするものがあるからである。ちなみに，シラブルとは，ある音を中心としたいくつかの音の集団で，その中に切れ目を感じさせないものをいう。シラブルは中心となる母音とそれを囲む子音によって構成される場合が多い（白畑他，2019）。例えば，beautiful は3音節（beau・ti・ful）の単語である。もし，見つけたチャンツのリズムが自然かどうか判断に迷う時は，ALTなどの英語母語話者に一度聞いてもらい，アクセントの位置やイントネーショ

第Ⅱ部　外国語教育の実践

ンに違和感を持たないかどうか確認してもらうと良い。不自然だと感じたり，違和感を持ったものは，児童には使用しないほうが良いだろう。さらに，中学年児童の特徴を生かした英語の学びとして，指導者が意識をしたいことは，「語彙の広がり」である。

　では，次節より中学年児童に対する実際の外国語活動の授業内容を紹介する。第3学年では，『Let's Try! 1』（東京書籍）を，第4学年では『Let's Try! 2』（同左）を用いた実践をそれぞれ紹介する。これらは，実際に実践したものをもとにしている。

2　実践例1——アルファベットの大文字に見えるものを探そう

（1）授業について

①　単元名　アルファベットの大文字に見えるものを探そう

②　教材　『Let's Try! 1』「Unit 6 ALPHABET（アルファベットとなかよし）」

③　単元目標と評価規準

〈単元目標〉

　身の回りにはアルファベットで表記されているものがあることに気づき，歌やカードゲームを通して大文字を読むことができる。

〈評価規準〉

【知識・技能】

　身の回りには活字体の文字で表されているものがあることに気づき，活字体の大文字とその読み方に慣れ親しむ。また，発音されているのを聞いた際に，どの文字であるかがわかる。

【思考力・表現力・判断力】

　相手に伝わるように工夫しながら，自分の姓名の頭文字を伝え合う。

【主体的に学習に取り組む態度】

・アルファベットの大文字の形に着目して，進んで仲間分けし，理由を発表したり，友達の考えを認めたりしようとしている。

・アルファベットの大文字を識別・認識して，他者に配慮しながら読み上げ

130

第8章 小学校中学年の外国語活動授業実践

たり，聞き取ったりして，アルファベットカードのやり取りをしようとする。

④ 言語材料

【単語】

AからZまで（大文字），the, card, alphabet, here 等。

【表現】

(The) "A" card, please. Here you are. Thank you. You're welcome.

⑤ 単元計画

時	◎目標　◇主な言語活動
1	◎身の回りにはアルファベットの大文字で表されているものがあることに気づくとともに，活字体の大文字の読み方を知る。 ◇ABCソングを歌う。 ◇映像資料を視聴し，アルファベットの大文字による様々な表示を見て何を表しているか，どんなところで使われているかを考える。 ◇ポインティングゲーム（児童用アルファベットカードAからP）。 ◇ビンゴ。児童用カードを4×4で机上に並べ，指導者が無作為に選び，読み上げられたカードを裏返していく（AからP）。
2	◎活字体の大文字とその読み方に慣れ親しむ。 ◇ABCソングを歌う。 ◇ポインティングゲーム（NからZ）。 ◇文字の形に着目して，アルファベットカードを自由に仲間分けする。
3	◎活字体の大文字とその読み方に慣れ親しむ。 ◇ABCソングを歌う。 ◇大文字を書いてみる（AからM）。 ◇イラストの中に隠れているアルファベットを探して，マーカーで塗る。
4	◎相手に伝わるように工夫しながら自分の姓名の頭文字を伝えることができる。 ◇ABCソングを歌う。 ◇大文字を書いてみる（NからZ）。 ◇線で文字をつなぐ（A〜M）。 ◇自分の姓名の頭文字を友達に紹介する（対話）。
5 (本時)	◎大文字の形と発音がわかり，文字を読み上げたり，文字の読み方が発音されているのを聞いた際に，どの文字であるかがわかる。 ◇ABCソングを歌う。 ◇線で文字をつなぐ（AからZ）。

131

第Ⅱ部　外国語教育の実践

	◇ "Go Fish" （会話活動）。
6	◎身近なもので大文字に見えるものをできるだけたくさん見つけることができる。 ◇ABC ソングを歌う。 ◇身の回りの物の中からアルファベットの大文字に見えるものを探して一覧表にする。

注：1単位時間は30分である。

（2）本時の展開

① ねらい

　大文字の形と発音がわかり，発話することを通して，欲しいカードのやり取りをすることができる。

② 展開（5／6時間目）

時間	○学習活動	●教師の支援　　◇評価〈方法〉	☆協同 ★ファシリ
1	○挨拶をする。 I'm 〜. How are you?	●全体に挨拶をし，個別に数名の児童に挨拶をする。	
3	【Let's Sing】ABC ソング ○音声に合わせて歌う。	●音声教材を利用し，（自分の頭文字の音で立たせ）楽しく歌えるようにする。	★可視
6	【線で文字をつなごう】 ○指導者が言う大文字の読み方の順に，その文字を線でつないでいく。 Unit 6-3 (A, D, K, C, B, E, H, J, I, G, L, A) Unit 6-4 (O, P, S, T, V, W, X, Z, Q, N, R, M, Y, W)	●ワークシートを配布し，アルファベット順，または指導者や友達に言われた順に大文字をつないで，線画になる活動を促す。 ●文字の読み方を言った後，アルファベットの文字を示すなどして児童の実態に合った支援を行う。 ◇活字体の大文字の読み方を聞いたり言ったりして文字と一致させることができるか。 〈行動観察・振り返りカード点検〉	★可視 ★分析
	文字を読んだり，発音を聞いたりして，カードをやり取りするゲームをしよう		

132

17	【Activity】 ◇Go fish のやり方のデモンストレーションを見る。 ○カードゲーム Go fish. をする。 自分がそろえたいカードの読み（例えば O card, please.）を言う。持っている人がいれば，Here you are. と言って渡す。いなければ，Sorry. と言う。もらえるカードがないときは場のカードを引く（Go fish.）。カードが 2 枚そろった時は，場に捨てる。一番早く，手持ちのカードがなくなった人が勝ち（そろったカードが多い人が勝ち）。	●活動のモデルを示し，進め方の理解を促す。 ●4 人グループでの活動を支援する。アルファベットカードを 2 セットずつ使用する。 ●一人に 5 枚ずつ配り，残りは中央に伏せて置くように指示する。 【インストラクション How to play "Go Fish"】 Let's play "Go fish". Give 5 cards to each student. Put the other cards on the table. Do Janken. Winners go first. Play the game clockwise. (F, G, M, V, X, Z の 6 枚は抜いて，40 枚で配布) ◇活字体の大文字の読み方を聞いたり言ったりして文字と一致させている 。 〈行動観察・振り返りカード点検〉 例 1　　　　　　　例 2 A："O" card, please. B："M" card, please. B：Sorry.　　　　C：Here you are. C：Sorry.　　　　D：Thank you. D：Go fish.　　　 A：You're welcome.	★可視 ★説明 ★隊形 （デモンストレーション） ☆互恵 ☆責任 ★分析 （モニタリング）
3	○本時の活動を振り返り，振り返りカードに記入する。	●英語を使おうとする態度や本時のねらいについて児童の良かったところを称賛する。	☆振返 ★可視 ★分析

注：☆協同学習の要素（互恵：互恵的な協力関係，相互：促進的な相互交流，責任：
　　個人とグループの責任，技能：社会的技能の獲得・使用，振返：振り返り）
　　★ファシリテーション技術（説明，質問，分析，可視，隊形，設計）
　　準備品：児童用・教師用アルファベットカード，「線で文字をつなごう」プリント

（3）各活動の解説

① Let's Sing "ABC ソング"

　「ABC ソング」を歌ったり，聞いたりすることによって，自然とアルファベット順や発音を覚えることができるよう，単元全体を通して，帯活動として

第Ⅱ部　外国語教育の実践

図8-1　カードゲーム "Go Fish"

取り入れる。前半の数回の授業では，ややゆっくりめの曲を使用して歌い，後半の時間では，アップテンポな曲を使って一緒に歌う。また，自分の頭文字がわかる段階に入ってからは，歌いながら，歌詞の中で自分の頭文字が出てくる箇所で立ち上がったり，選ばれたいくつかの文字の出てくる箇所でも立ち上がったりするなどして，身体を使いながらリズムや発音に慣れるよう工夫する。

② 線で文字をつなごう

　この活動では，指導者が読み上げる文字の順にアルファベットをつないで線画になる活動を行う。文字を線でつなぐとどのような絵になるか，最初から予想がついてしまうのは面白味がないが，途中まで進むと次に読まれる文字が予想できる場合もあるので，そのような場面では，児童に「次に読まれる文字は何だと思うか」と尋ねてみることもできる。この活動や，「ポインティングゲーム」「ビンゴ」や「大文字を書いてみよう」では，1回の授業の中で26文字すべてを導入したり，練習はせずに，2回に分けて活動を行うようにすると良いだろう。

③ Activity "Go Fish"

　コミュニケーション活動を協同的に行うために "Go Fish" というババ抜きに似たカードゲームをグループで行う。例えば，Aと書かれたカードを揃えたい場合は，"A card, please." と言い，仲間が持っていた場合は，"Here you are." と言いながらカードを渡す。誰もそのカードを持っていない場合は，"Sorry, go fish." と言い，場に積んであるカードから1枚引くという活動である（図8-1）。この活動は，『Let's Try! 1』の自分のイニシャルカードを仲間とやり取りして集める活動よりも，多くの文字について認識したり発音したりすることができる。手持ちのカードの中で，自分が自信をもって読むことのできる文字や，集めたい文字を選んで読む活動であり，学習段階が進めば，"I

want G card." や "Do you have K card?" "No, I don't." 等と表現を変えても
会話は成り立つので,「思考・判断・表現」につながる活動でもある。また,
仲間とやり取りしなければならない必然性や,個人の役割を果たさなければ成
り立たないという協同学習の要素を取り入れ,誰もが勝てる可能性があり,楽
しめるゲーム活動としても有効だろう。

（4）指導のポイント

2時間目のアルファベットの文字の形に着目して「自由に仲間分けする活
動」（図8-2）では,個人による気づきに限らず,他者の発想から得る気づき
も大いにあるので,児童同士の発想をシェアすることがポイントとなる。この
学習段階では,まだ文字を自力できちんと書くことのできる段階にはないため,
文字を紙やホワイトボードなどに書いてもらい,互いにどのようにグループ分
けをしたかを掲げて見せ合うことは難しい場合もある。その場合は,児童が机
上にグループ分けして並べたカードの様子を,指導者がカメラで撮影し,テレ
ビ画面に映して見せながら,どのような意図をもってグループ分けしたのかを
発表してもらうなどの可視化の工夫が必要となる。または,**ギャラリーウォー
ク**（教室内を歩き回り,他の児童のノートや作品を互いに見合うこと）により,他の
児童がどのようにグループ分けしたかを見合った上で,どのようなことに気づ
いたかを話し合うなど,この活動を「主体的・対話的で深い学び」につなげる
ためには,ファシリテーションの技術が不可欠となるだろう。

5時間目に,"Go Fish" というカードゲームで会話をしながら,アルファ
ベットの書かれたカードをやり取りするという活動を取り入れることには,以
下のような理由がある。実生活の中では,アルファベットの大文字を使用する
場面というものが,単語や名前の頭文字や省略を表すものとして使用されるこ
とが多いため,『Let's Try! 1』の中では,自分の姓名のイニシャルを伝え合っ
たり,自分のイニシャルが書かれたカードを仲間とやり取りしながら集めたり
する活動が設定されている。しかし,それでは,自分の頭文字の1文字か2文
字だけに関わる文字のやり取りを練習することしかできない。また,学級内に
同じ頭文字を集める児童が複数存在していたり,XやZのように,名前の頭文

第Ⅱ部　外国語教育の実践

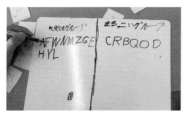

かくかくしたグループと丸っこいグループ　　形が進化している　　『Let's Try 1』の付属カードを利用すると、文字の色で分ける児童が多いが、同色の文字には、同じ音が含まれているということに気がつく

図8-2　文字の形に着目したグループ分け

字としては該当しにくい文字もあるため、より多くの文字について、認識したり、やり取りしたりするための活動を設定することが望ましいと思われるからである。ここでは、仲間とのやり取りを通して、できるだけ無作為に抽出された、複数の文字を読んだり、聞いたりして識別する活動を取り入れることができるような活動を工夫したい。

　また、外国語活動・外国語科では、3年生で大文字、4年生で小文字、5・6年生ではローマ字を学び、英単語の読み方も推測できるようになることが求められている（国語科では、3年生で訓令式ローマ字を扱う）。このことから、3年生のこの単元では文字を見て読んだり認識したりする活動のみならず、文字の形を覚えるために、書く活動も取り入れた文字指導を行うことが望ましいと思われる。この書く活動は、文字の形を捉えることをねらいとし、自力で文字を書けるようになることをねらったものではない。しかし、小学校で外国語が教科化されたことにより、アルファベットの大文字と小文字やローマ字の読み書きなどは、中学校では、改めて丁寧に一斉指導されることはなくなると考えられる。このことから、文字の書き方を練習する時間は小学校で扱う必要があるだろう。『中学校学習指導要領（平成29年告示）解説』では、次のように明記されている（文部科学省、2018：33。下線は筆者による）。

　　また、改訂前は、「イ　文字及び符号」として「アルファベットの活字体の大文

字及び小文字」が示されていたが，今回の改訂では「イ　符号」として，「アルファベットの活字体の大文字及び小文字」が削除された。これは，アルファベットの活字体の大文字と小文字は，小学校の外国語科において指導する内容となっているためである。小学校の外国語科での内容を踏まえ，中学校においては語や句，文を書く中でアルファベットの活字体の大文字と小文字を書くことができるように引き続き指導する必要がある。

　小学校段階で学習した内容が必ずしも定着していないことはあるとしても，中学校段階でも繰り返し使用していく中で，学んでいくことのできる部分もある。しかし，中学校入学時点で，すでに英語力や意欲に差が開いている状態をつくったり，その後の外国語学習に対する不安を増加させたりする要素を生まないためには，小学校段階で扱うべき内容を丁寧に扱っておくべきである。丁寧とはいっても，小学校段階での文字の読み書きについては，集中的に扱ったり，テストを行って定着度を確かめたりするということではなく，授業の中で，**フォニクス**（英語のつづりと発音の関係性を理解し，正しい発音ができるようにする学習方法）などの活動と共に，小出しに何度も扱い，反復的に慣れるようにすることが肝要である。

3　実践例2──オリジナルクリスマスツリーを完成させよう

（1）授業について
① 　単元名　オリジナルクリスマスツリーを完成させよう
② 　教　材　『Let's try! 1』「Unit 7 This is for you.（カードを送ろう）」
③ 　単元目標と評価規準
〈単元目標〉
　色や形の言い方に慣れ親しみ，欲しいものを尋ねたり答えたりすることができる。
〈評価規準〉
【知識・技能】
日本語と英語の音声の違いがあることがわかり，色や形の言い方や，欲しい

第Ⅱ部　外国語教育の実践

ものを尋ねたり答えたりする表現に慣れ親しむ。

【思考力・表現力・判断力】

欲しいものを尋ねたり答えたりして伝え合う。

【主体的に学習に取り組む態度】

相手に伝わるように工夫しながら，作品を紹介しようとする。

④　言語材料

【単語】

状態・気持ち：want, this, a, for, big, small, 形：square, rectangle, star, diamond, bus, flower, shop, balloon, house, car, candy, 動物： dog, cat, panda, mouse, bear

【表現】

What do you want?（A star），please. Here you are. This is for you. Thank you. You're welcome.

⑤　単元計画

時	◎目標　　◇主な言語活動
1	◎形や身の回りの物を表す言い方を知り，正しく聞き取ることができる。 ◇教室や身の回りから，どんな「形」があるか探してホワイトボードに書き，共有する。
2	◎色や形を聞き取り，欲しいものを伝えることができる。 ◇色や形を聞き取り，グループで協力してタングラムを完成させる。
3 （本時）	◎色や形など，自分の欲しいものを伝えることができる。 ◇自分の欲しい「色＋形」を正しく伝え，グループで協力して Funny Face を作る。
4	◎色や形など，自分の欲しいものを伝え，オリジナルクリスマスツリーを作ることができる。 ◇グループで協力してカードを集め，クリスマスツリーを完成させる。

（2）本時の展開

①　ねらい

色や形など，自分の欲しいものを伝えることができる。

第 8 章　小学校中学年の外国語活動授業実践

② 展開（ 3 ／ 4 時間目）

時間	○学習活動	●教師の支援　◇評価（方法）	☆協同 ★ファシリ
2	【Greeting, Rules, & Schedule】 ○本時の学習について説明する。 色や形など，自分の欲しいものを伝えることができる。	●黒板に掲示し，活動中に意識できるようにする。	★設計 ★説明 ★可視
5	【Let's Chant】 ○ What do you want? を歌う。	●ジェスチャーを加えて歌い，音と形のイメージを一致させられるようにする。	★説明 ★可視
15	【Color the Shape】 ○教師が言う「色＋形」を聞き取り，プリントに書き込む。	●デモンストレーションを見せて，活動のイメージを持てるようにする。	★説明 ★可視 ☆互恵 ☆促進 ☆責任
18	【Make a Funny Face】 ○ 4 人グループで，Funny Face をつくる。	◇色や形，欲しいものなどについて尋ねたり答えたりしてやり取りすることができる。（やり取り：思・判・表）	★説明 ★可視 ☆互恵 ☆促進 ☆責任
5	【Reflection】 ○振り返りシートを記入する。	●振り返りシートの書き方について説明する。	☆振返 ★説明 ★分析

注：☆協同学習の要素（互恵：互恵的な協力関係，相互：促進的な相互交流，責任：
　　個人とグループの責任，技能：社会的技能の獲得・使用，振返：振り返り）
　　★ファシリテーション技術（説明，質問，分析，可視，隊形，設計）

（3）各活動の解説

① Greeting, Rules, & Schedule

　2020年度に現行の学習指導要領（2017〈平成29〉年告示）が実施になり， 3 年
生が外国語学習の初年度となった。多くの児童が初めて英語に出会い，新しい
学びを楽しみにしている。他者への関心も広がり，様々な場面でエネルギッ
シュに活動するようになる。このような外国語学習入門期の児童への指導で大

第Ⅱ部　外国語教育の実践

図8-3　クラスルームルールの提示

図8-4　チャンツ

切なことは，繰り返し英語に慣れ親しむことである。すべての児童が安全・安心に外国語学習をスタートできるよう，授業の冒頭で次の2点に留意して取り組んでほしい。

　1点目は，クラスルームルールの提示である。初めて英語を学習する児童には失敗や間違いがつきものであり，時には1人での解決が難しいこともあるだろう。そこで，Mistakes are OK!（失敗・間違いOK!），Help each other.（お互い助け合う）を提示し，学びを楽しむ雰囲気を醸成する（図8-3）。時には復唱したり，クイズ形式を取り入れたりして変化を取り入れながら，児童への定着を図っていく。2点目は，学習の流れの提示である。A3サイズのホワイトボードに本時の活動を順番に書き（黒板に直接書いてもよい），今取り組んでいる活動にマグネットを置いたり，あるいはチェックし，可視化していく。一時間の見通しが持てると児童も安心して学習に臨むことができ，後半に面白そうな活動があるとわかると，そこに向かって意欲を途切れさせずに取り組むことができる。

② Let's Chant

　"What do you want?" "I want～."の表現に慣れ親しむ活動である。活動に入る前に児童とやり取りしながら既習表現である色や形の言い方を確認すると効果的である。指導書付属のCDやデジタル教科書を使い「失敗・間違いOK」の雰囲気のもと，初めは教師がカードを示しながら一緒に歌い，徐々に児童に活動を委ねていく（図8-4）。チャンツはリズムだけでなく，メロディーもセットになっているので，児童は繰り返し取り組むことで，体全体で

フレーズを感じながら歌うようになる。デジタル教科書には速度が「ゆっくり」と「普通」の2種類があるので、児童の実態を見ながら工夫すると良いだろう。慣れてきたらジェスチャーや簡単な動作を加え、英語の音声とその内容（形や色）のイメージを一致させていく。

③ Color the Shape

これまでに学習した色と形の表現を使った4人グループでの協同的な学習である。児童は、教師が発音する色と形の英語を聞き取り、ワークシートに描き込んでいく（図8-5）。教師は、児童が正しく色と形の表現を認識できているかを見取っていく。進め方は以下の通りである。

図8-5 形の色塗り

①4人グループになり、1〜4の順番を決める。
②教師の発音を聞き、1番の児童が発音された色ペンで形を描く。
　（例）教師：Yellow star.
　　　　児童1：黄色のペンで星の形を描く。
③同様に2番、3番、4番と順番に取り組む。
④2周したら終了。
⑤他のグループの作品を見て回る（ギャラリーウォーク）。

この活動のポイントは「シンプルで自由な発想を生かせるようにすること」である。児童の英語を用いた主体的な活動につなげるためには、聞き取った内容を正しく理解できる必要がある。図形を描いたり色を塗ったりする活動は、3年生の発達段階に適しており、児童は自由な発想で楽しみながら取り組むことができる。教師はその様子を観察し、全体が取り組めたところで次の活動に進むようにすると、全員が参加できる安全・安心な活動につながる。

また、聞き取った色の形をどこに描くかは児童に委ねられているため、児童の想像力を発揮することができる。少しずつワークシートに描き込まれる形が増えていくと、児童はそれを「何か」に見立てるようになる。「おでんみたい」や「信号みたい」と、グループ内に対話が生まれることで、その完成に向けて

第Ⅱ部　外国語教育の実践

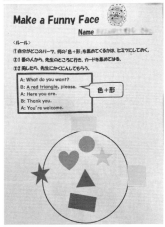

図8-6　面白い顔つくりの活動の様子

自然とグループの目標が決まり，個人の役割も明確になっていくだろう。活動を通して児童が自由に発想を膨らませることで児童同士の関わりが生まれ，互恵的な協力関係が育まれていく。

④　Make a Funny Face

4人グループで役割を交代しながら，面白い顔（Funny Face）をつくっていく協同的な活動である（図8-6）。前の活動であるColor the Shapeの表現を会話表現に取り入れ，児童と指導者がやり取りをしていく。進め方は以下の通りである。

①4人グループになり，1〜4の順番を決める。

②自分がどこのパーツ，何色の形を集めてくるかは，秘密にする。

③1番の児童は教師のところに行き，欲しい色の形を伝えカードをもらう（図8-7）。

（例）教師　　：What do you want?

　　　児童1　：Red circle please.

　　　教師　　：Here you are.

　　　児童1　：Thank you.

④1番の児童はもらったカードを台紙に貼る。

⑤同様に2番，3番，4番と順番に取り組む。

⑥2周したら終了。

この活動のポイントは「全員がイメージをもてる活動にすること」である。3年生にもなると，これまでの生活経験から，児童は顔をつくるためにどんなパーツ（部位）が必要かを容易に想像することができる。「目は丸」や「口は赤」など，必要なパーツを形や色と結びつけながら考え，各自が見通しをもっ

て取り組んでいくだろう。そこに個人差は生まれにくく，全員が参加できる安全・安心な活動につながる。

また，「顔をつくる」というグループの目標を共有しつつも，今回はあえて「どこに何を置くか」は話し合わないこととした。その理由は，個々に思い浮かべるイメージには違いがあり，そこから新たな発見が生まれることに気づけるようにしたいからである。今回のように作品を制作する創造的な活動に正解はない。自分と他者のイメージに違いがあって当然である。教師はそこに新たな視点を見出し，想像を超えた面白さに気づけるようにしていくことが大切である。その多様性を協同的な学習を通して学ぶことが，他者を認め，よりよく関わる社会的技能の獲得につながり，幅広い活動に生かせるようになる。

図８−７　活動場面

5:とてもそう思う 4:そう思う 3:少しそう思う 2:あまりそう思わない 1:まったくそう思わない

／	◎友達同士で色や形、欲しいものを尋ねたり答えたりすることができる。
今日のめあてをクリアできましたか。	1　2　3　4　5
失敗やまちがいを気にせず，授業に参加できましたか。	1　2　3　4　5
仲間と協力することができましたか。	1　2　3　4　5
仲間のがんばりやいいことをみつけることができましたか。	1　2　3　4　5
気づいたこと，学んだこと，発見したことを書きましょう。友だちや自分の活動の様子でよかったこと，気づいたことなども書きましょう。	

図８−８　振り返りカード

⑤　Reflection

本時の学習について，個人の振り返りカードに記述する（図８−８）。カードには自己の学びを５段階で評価する部分と自由記述欄を設け，本時のねらいや学習内容に則した振り返りができるようにした。３年生は文章を書くのに時間を要するため，机間指導しながら個別に声をかけ，学習内容を想起させたり気持ちを引き出したりするなど，教師による支援が大切である。

（４）指導のポイント

本単元は，色や形の表現を扱いながら，欲しいものを尋ねたり答えたりする表現に慣れ親しむことを目標とする。単元の最終タスクはグループでオリジナ

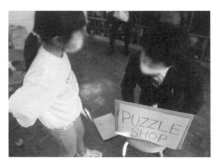

第Ⅱ部　外国語教育の実践

ルクリスマスツリーを完成させることであり，その達成に向けて，①色や形，身の回りの物の聞き取る，②色と形の表現を覚える，そして③欲しい色と形を伝える，のようにスモールステップで学習を進め，「できた」や「わかった」という成功体験を少しずつ積み重ねていくことが大切である。

外国語学習の入門となる3年生では，外国語に対する不安を軽減し，意欲を高めることが最も大切である。そのため，どの活動においても必ず指導者によるデモンストレーションを行い，安心して活動に取り組めるようにしたい。活動の手順を実演して見せることで，児童の中に具体的な姿がイメージされ，どのように取り組めば良いのかが明確になる。教師が複数いる場合（Team-Teaching など）は教師同士で役割分担することができるが，一人の場合はそれが難しいこともある。そのような場合は，始業前に児童のボランティアを募ったり，実演部分を撮影した映像を見せたりすると良いだろう。児童の参加に当たっては，必ず事前に教師とのリハーサルを行い，全体の前で自信をもって臨めるよう十分配慮することを忘れないでほしい。

また，3年生は「友達はどんなことを考えたのか」や「自分の考えとどこが違うのか」と，他者の学びに関心を持ち始める年代である。そこで，少しずつ児童同士の教え合いや励まし合いを創出する協同学習にも取り組むようにしたい。本単元では，毎時間のリスニング活動で協同学習に取り組んだ。序盤は「今何て言ってた」や「赤い丸」など，聞き取った英語の内容を確認することが多いと思われるが，活動を重ねるにつれて「大きさこれでいい」や「レクタングルだから，もう少し細長い方がいいんじゃない」など，内容理解を越えて，友達との意見交流を楽しみながら活動する姿が見られるようになるだろう。

中学年では，どんな活動にも意欲的に取り組む反面，意見の衝突からトラブルにつながることも多い。そのため，本単元の Make a Funny Face や Make an Original Tree のようなシンプルで作業的な活動を通して，小さな成功体験を積み重ねていくと良い。このようなグループで1つの作品を作り上げる活動は，児童同士の促進的な**相互交流**を育むのに適している。

第 8 章　小学校中学年の外国語活動授業実践

4　実践例 3 ——オリジナル文房具セットをプレゼントしよう

（1）授業について

① 　単元名　オリジナル文房具セットをプレゼントしよう

② 　教　材　『Let's Try! 2』「Unit 5 Do you have a pen?（カードを送ろう）」

③ 　単元目標と評価規準

〈単元目標〉

文房具など学校で使う物について尋ねたり答えたりすることができる。

〈評価規準〉

【知識・技能】

文房具など学校で使う物や持ち物を尋ねたり答えたりする表現を言ったり，聞いたりすることができる。

【思考・判断・表現】

文房具など学校で使う物について，尋ねたり答えたりして伝え合うことができる。

【主体的に学習に取り組む態度】

相手に配慮しながら，文房具など学校で使う物について伝え合おうとする。

④ 　言語材料

【単語】

pencil, eraser, pencil case, ruler, glue stick, pen, calendars, notebooks, stapler, pencil sharpener, magnet, marker, one~twenty

【表現】

Do you have (a pen)? Yes, I do./No, I don't. I (have/don't have) (a pen). This is for you. How many (pencils)?

⑤ 　単元計画

時	◎目標　◇主な言語活動
	◎文房具など学校で使う物の名前を知り，相手が持っているかどうかを尋ねたり答えたりすることができる。

第Ⅱ部　外国語教育の実践

1	◇グループで協力してカードゲームをすることで，Do you have～？Yes, I do./No, I don't. の表現に慣れる。
2	◎文房具など学校で使う物をいくつもっているかを尋ねたり答えたりすることができる。 ◇グループで協力して数当てクイズをすることで，How many～？の表現に慣れる。
3 (本時)	◎グループで協力してプレゼントする文房具セットを購入するためのやり取りの練習をすることができる。 ◇グループでプレゼントする相手に合わせた文房具セットの中身を考え，購入のためのやり取りを練習する。
4	◎相手に配慮しながら，文房具など学校で使う物について伝え合うことができる。 ◇お店屋さんごっこを通じて，グループで協力して文房具セットををを準備し，ALT の先生にプレゼントする。

（2）本時の展開

① ねらい

　グループで協力してプレゼントする文房具セットを購入するためのやり取りの練習をすることができる。

② 展開（3／4時間目）

時	○学習活動	●教師の支援　◇評価（方法）	☆協同 ★ファシリ
5	○挨拶 ○学習の流れとルールを確認する。 ○Let's chant "Do you have pencils?"	●学習の流れを可視化して示す。	★説明 ★設計 ★可視 ☆技能
	○「プレゼント大作戦」の流れを知り，グループで相談する。 ・活動の目的と流れについて確認する。 ・4人グループをつくり，グループごとにプレゼントの	●活動の目的とルールを可視化して示す。 ●相談したことを記入するワークシートを用意しておく。	★説明 ★可視 ★隊形 ☆相互 ☆責任

146

15	内容を相談する。 • プレゼントを贈る相手（ALT）がどんなものを喜ぶのか考える。 • お店屋さんごっこではだれが何を何個買うのか役割分担をする。 • 話し合った内容をワークシートに記入する。		
20	○お店屋さんごっこで使うセリフを練習する。 • 教師と ALT のデモンストレーションを見る。 • ALT と児童で役割を交代しながら，セリフ練習をする。 • 協同学習を生かし，グループでセリフ練習をする。 • グループでセリフ練習をするときのやり方を知る。	●お店屋さんごっこのセリフを視覚化し，提示する。 ◇持っているかどうか尋ねたり答えたりする表現を進んで話そうとすることができたか。	★可視 ★説明 ★隊形 ★説明 ★評価 ★可視 ☆互恵 ☆相互 ☆責任 ☆技能
5	○本時の学習の振り返りを行う。 ○次の時間の学習内容を確認する。 ○挨拶	●今日の活動を思い出せるよう声がけをする。	☆振返 ★評価

注：☆協同学習の要素（互恵：互恵的な協力関係，相互：促進的な相互交流，責任：個人とグループの責任，技能：社会的技能の獲得・使用，振返：振り返り）
　　★ファシリテーション技術（説明，質問，分析，可視，隊形，設計）

（3）各活動の解説

① 本時の学習につながるチャンツ

　本時ではお店屋さんごっこのセリフ練習を行う。そこで，以下のようにお店屋さんごっこで使われる予定のフレーズがたくさん入っているチャンツをウォームアップで練習しておくことで，スムーズに学習が進むように配慮する。このチャンツの中で使用されるセリフは1・2時間目で学習したものを使用し，オリジナルチャンツとして教師が自作したものも使用する。練習では，はじめ

にナチュラルスピードの音声を聞き，目標とする速さを確認する。その後，テンポを落としたスロースピードに合わせて，教師の後に続けて言う練習をする。その際，児童が話す順番の時に教師は同時に発声せず，児童が声を出せているのか観察するように心がけることが大切である。そうすることで，教師は児童がどの程度習得しているのかを把握することができる。つまづきがある場合には，そのフレーズを抜き出して指導することもできる。最終的には最初に児童が聞いたスピードまで徐々にテンポアップしていくように練習を重ねたい。

```
A : Do you have pencils?
B : Yes, I do.
A : How many pencils?
B : Two.
```

② 「プレゼント大作戦」の相談

　まず，教師の方で指定し，4人グループをつくる。次にこの活動の目的が「ALT の先生が喜ぶような文房具セットをチームで考え，お店屋さんごっこを通じてほしい商品を手に入れ，プレゼントすることである」と告げる。外国語活動では相手意識が重要である。活動の説明をする際にも，どうしたら「ALT の先生が喜ぶプレゼント」なるだろうか（思考・判断）という点をしっかり押さえて伝えたい。そうすることで，その後のグループでの話し合いで，自分から ALT にどんなものが好きなのか聞きに行く児童の主体的な学習態度が期待できるだろう。実際に，ある小学校での実践では，児童が自分の学習した英語を利用して Do you like〜? と一生懸命に尋ねる姿が見られた。

　さらに，この活動での細かなルールを以下のように用紙にまとめたものを児童に提示し，共通理解を図る。児童に示したルールには，協同学習の5つの構成要素の中の「個人とグループの責任」をはっきりとさせるための仕掛けとして，一人ひとりが買ってくる商品が異なるようにするという決まり事を入れてある。1人が購入できる個数については，指導者側の準備の都合で今回は5つ以下としたが，目的に合わせて変更して良い。

第8章　小学校中学年の外国語活動授業実践

- ALTの先生が喜ぶようなプレゼントを選ぶ。
- 1人が買ってくることができる商品は1種類。全員が違う商品を買ってくること。
- 個数は5つ以下。
- チーム内で同じ種類の商品を買ってくることはできない。

　ルールがしっかりと児童に伝わったところで，グループで話し合った内容を
ワークシートに記入し，何の商品にするのか，何個にするのか，誰が購入する
のかをはっきりとさせておく。

③　お店屋さんごっこで使うセリフの練習

　まずはじめに教師とALTで下記のようなデモンストレーションを見せる。
デモンストレーションは役を交代して何度かやって見せる。その後，ALTと
児童全員とで，役を交代しながらセリフを言う練習をする。デモンストレー
ションを行う際には，児童の発達段階に合わせた配慮が必要となる。4年生の
児童を対象とする場合には，英語のセリフのみだと状況を把握できず，誰が何
の役をやっているのかわからなくなることがある。そこで，容易に状況を理解
できるように，店員役はネームプレートやエプロンなどをつけたり，お客役は
買い物袋を持ったりして，はっきりと何の役を行っているのかイメージがつく
ように工夫する。また，何度か役を交代しながらデモンストレーションを見せ
ることでインプットの機会を増やし，その後のセリフ練習がスムーズに進むよ
う配慮する。

客　：Hello!
店員：Hello!
客　：Do you have pencils?
店員：Yes, I do. How many pencils?
客　：Four
店員：Here you are.
客　：Thank you.

　次に，4人グループをつくり，グループ内の児童同士で練習をする。このグ

149

第Ⅱ部　外国語教育の実践

図8-9　アドバイスシート

ループ活動の目的は，グループのメンバー全員が自信を持ってお店屋さんごっこに参加できるように練習を重ねていくことにある。そのために大切にしたいのが，第6章で述べた協同学習の5つの基本的構成要素の中の「個人とグループの責任」「互恵的な協力関係」および「社会的技能の獲得・使用」の3つである。

　まず，グループの役割分担（①お客さん，②お店屋さん，③お客さんのサポーター，④お店屋さんのサポーター）をする。一人ひとりに明確な役割を与えることで，個人の責任がはっきりとする。次に，①と②の児童によるセリフ練習を行う。その際，会話の途中で困っている様子があったら，③と④の児童はサポーターとしてセリフを教え助けていく。グループ内で互いに助け合い教え合うことが，次の時間に行うお店屋さんごっこの成功へとつながる。最後に，③と④の児童は会話終了後，事前に教師から示されていた評価の観点にそって①と②の児童にアドバイスを行う。ある小学校での実践では，アドバイスを用紙に記入して相手に渡すようにした（図8-9）。しかし，4年生段階では，用紙を使用せず，直接口頭で伝える方が，より効率的で効果的なアドバイスをすることができるかもしれない。ただし，用紙を使うにしてもあるいは口頭で伝えるという手法を選んだとしても，良好なコミュニケーションを図るために必ず相手の良かったところ頑張っていたところから伝えるようにしたい。アドバイスでは，相手への気遣いが重要となり，同じチームのメンバーを励まし，勇気づけていくような言葉かけが必要となる。活動の最後には必ず"Good job!" "Thank you!"と互いに声をかけ合って終了したい。なお，役はグループ内で順番に交代し，時間いっぱい練習を行うようにしていくと良いであろう。

（4）指導のポイント

　本単元は，最終タスク「ALT の先生にオリジナル文房具セットをプレゼントしよう」を達成するために，①文房具の名前を覚える，②相手が持っているかどうかを尋ねる，③いくつ必要か尋ねる，④買う物を決めてやり取りを行い，ALT にプレゼントをするというスモールステップで少しずつゴールを目指すようになっている。これは，最終タスクを最初に想定し，そこからどのような指導が必要なのかを考え，単元全体をプログラムデザイン（バックワード・デザイン）している。

　まずはじめに大切にしたいのが，インプットの時間を十分に確保することである。教師による Small Talk，リスニングやチャンツそれぞれの活動を説明していく上で用いるデモンストレーションはもちろんのこと，授業の中で使われる簡単な指示もできるだけ英語を使い，たくさん英語による音声を聞けるようにすることが重要である。英語による豊富なインプットを与える時には，すぐに日本語でその意味を解説するのではなく，身振りやイラストなどで可視化し，児童の理解を促すようにしたい。

　また今回，毎時間のめあてに迫るために多く取り入れたのが，「個人とグループの責任」「互恵的な協力関係」および「社会的技能の獲得・使用」の3つの協同学習の構成要素である。4年生の児童は，集団での遊びを好み，友達と一緒に活動をすることに楽しさを感じる年代である。ただ，まだどのように友達と関わって良いのかわからずトラブルになることも多い。また，外国語に触れる経験がまだまだ少ないこともあり，抵抗を感じる児童もいることが予想される。

　そこで，ペアや小グループで関わり合いながら一人ひとりが楽しく学ぶことができるように，それぞれが何をしなければならないのかをはっきりとさせるように心がけると良いであろう。その際，児童同士の言葉かけや助け合う様子で良かったところを教師が認め，クラスで共有すると良い。みんなで「できた」や「わかった」という喜びは，外国語への抵抗感を減らし，意欲へとつなげることができると考える。

第Ⅱ部　外国語教育の実践

5　実践例4——アルファベットの小文字辞書をつくろう

（1）授業について

① 単元名　アルファベットの小文字辞書をつくろう

② 教　材　『Let's Try! 2』「Unit 6 Alphabet（アルファベットで文字遊びを
しよう）」

③ 単元目標と評価規準

〈単元目標〉

身の回りにはアルファベットで表記されているものがたくさんあることに気
づき，歌やカード遊びなどを通して小文字を読むことができる。

〈評価規準〉

【知識・技能】

身の回りには活字体の文字で表されているものがあることがわかり，活字体
の小文字とその読み方に慣れ親しむ。

【思考力・判断力・表現力】

アルファベットの小文字の形や読み方などの特徴について伝え合う。

【主体的に学習に取り組む態度】

相手に配慮しながら，アルファベットの小文字の形や読み方などの特徴につ
いて伝え合おうとする。

〈パフォーマンステスト〉

第3時：「話すこと［やり取り］」

目標：ネームプレートを作成するために，アルファベットについて尋ねたり
答えたりする。

	知識・技能	思考・判断・表現	主体的に学習に取り組む態度
評価基準	Do you have〜? の表現を用いてやり取りを行いながら，活字体の小文字とその読み方に慣れ親しんでいる。	ネームプレートをつくるために，相手に伝わるように工夫しながら，自分が集めたいアルファベットの文字について尋ねた	ネームプレートをつくるために，相手に伝わるように工夫しながら，自分が集めたいアルファベットの文字について尋ねた

152

		り答えたりして伝え合っている。	り答えたりして伝え合おうとしている。
A評価	1人で，相手が欲しいアルファベットを聞いて，そのカードを渡したり，自分が集めたいアルファベットを言ったりしている。	相手の反応を見てジェスチャーを用いたり，相手に伝わる声の大きさと速さで，アイコンタクトをしながら尋ねたり答えたりしている。	相手の反応を見てジェスチャーを用いたり，相手に伝わる声の大きさと速さで，アイコンタクトをしながら尋ねたり答えたりしようとしている。
B評価	サポートを受けながら，相手が欲しいアルファベットを聞いて，そのカードを渡したり，自分が集めたいアルファベットを言ったりしている。	A評価で上げた観点のうち，3つができている。	A評価で上げた観点のうち，3つができている。

第4時：「話すこと［発表］」

目標：自分が撮影した小文字の写真とその場所を発表する。

	知識・技能	思考・判断・表現	主体的に学習に取り組む態度
評価基準	自分たちが集めてきたアルファベットを伝える技能を身につけている。	相手に配慮しながら，簡単な語句や基本的な表現を用いて，自分たちが集めてきたアルファベットを伝えている。	相手に配慮しながら，簡単な語句や基本的な表現を用いて，自分たちが集めてきたアルファベットを伝えようとしている。
A評価	正確な文や単語を用いて，自分たちが集めてきたアルファベットを正確に伝えることができている。	顔を上げて，相手に伝わる声の大きさや速さで，アルファベットを見つけた場所を指差しながら，伝えたい内容を話している。	顔を上げて，相手に伝わる声の大きさと速さで，伝えたい内容を話そうとしている。
B評価	文や単語に誤りはあるが，自分たちが集めてきたアルファベットを正確に伝えることができている。	A評価で挙げた観点のうち，3つができている。	A評価で挙げた観点のうち，2つができている。

第Ⅱ部　外国語教育の実践

④　言語材料

【単語】

a〜z, letter, try, again, bookstore, juice, news, school, station, taxi, telephone

【表現】

Look. What's this? Hint, please. How many? I have six ("b"s).

Do you have "b"s? Yes, I do. / No, I don't. That's right. Sorry.

⑤　単元計画

時	◎目標　　◇主な言語活動
1	◎単元で学習する内容をつかみ，見通しを持つ。 ◎活字体の小文字とその読み方に慣れ親しむ。 ◇ABC ソングを歌う。 ◇ペアでヒントを出しながらカルタやパズル等の活動を行い，アルファベットを使いこなす練習をする。
2	◎活字体の小文字とその読み方に慣れ親しみ，アルファベットについて尋ねたり答えたりする。 ◇ABC ソングを歌う。 ◇ペアでヒントを出しながら Who am I? クイズを行い，アルファベットについて尋ねたり答えたりする。
3 (本時)	◎活字体の小文字とその読み方に慣れ親しみ，アルファベットについて尋ねたり答えたりする。 ◇ABC ソングを歌う。 ◇グループで協力して自分たちの名前のアルファベットのカードを集める。 （パフォーマンステスト） ◇集めたカードでネームプレートをつくる。
4	◎校内でアルファベットの写真を撮り，クラスに発表する。 ◇ABC ソングを歌う。 ◇アルファベット辞書の写真を撮るために，グループで協力して校内でアルファベットを探す。 ◇撮影してきたアルファベットをクラスに発表する。（パフォーマンステスト）

（2）本時の展開

①　ねらい

活字体の小文字とその読み方に慣れ親しみ，アルファベットの文字について

第 8 章　小学校中学年の外国語活動授業実践

尋ねたり答えたりする。

② 展開（3／4時間目）

時間	○学習活動	●教師の支援　　◇評価（方法）	☆協同学習 ★ファシリ
10	○挨拶 ○ABC ソング ・画面の小文字を見て歌う。 ○ルール，スケジュールの 　確認 ○前時の復習 ・教師が提示するフラッ 　シュカードを読む。	●ABC ソングの動画を流す。 ●ルールとスケジュールを提示する。 ●順番に提示した後，ランダムに提 　示して，定着度を確認する。 ●児童の取り組みの様子を見取り， 　励ましたり賞賛したりする。	★可視 ★設計 ★可視 ★説明
10	アルファベットでネームカードを作ろう		
	○当てっこゲーム ・街のイラストの看板を見 　ながら以下のやり取りを 　し，相手の選んだ看板を 　当てる。 A : What's my sign? B : Do you have a "c"? A : Yes, I do. B : Do you have an "s"? A : Yes, I do. B : It's "school." A : That's right.	●手本を示す。 ●例文のセンテンスカードを黒板に 　貼る。 ◇音声を正しく聞き取っている。 〈行動観察〉（知・技）	★説明 ★可視 ☆相互 ★分析
	○アルファベット集め ・グループのメンバーに必 　要な文字を確認し，役割 　分担する。 ・児童同士で以下のやり取 　りをし，自分が担当する 　文字を集める。	●児童の名前とアルファベットの集 　計表を記載したワークシートをグ 　ループに 1 枚ずつ配る。 ●教師とボランティア児童でデモン 　ストレーションを行う。 ◇班で協力しながら積極的に活動に 　取り組んでいる。〈行動観察〉 　（態） ◇ネームプレートをつくるために，	★説明 ★可視 ★隊形 ☆互恵 ☆責任 ☆相互 ☆社会

155

第Ⅱ部　外国語教育の実践

| 25 | C : Do you have "a" s?
D : Yes, I do. I have two "a" s.
C : Really. One please.
D : Ok. Here you are.
C : Thank you. Bye.
D : Bye.

○ネームプレートづくり
• カードを台紙に貼る。
• 頭文字を大文字にする。

○グループ活動の振り返り
• グループに貢献する行動や改善すべき行動を話し合う。 | 相手に伝わるように工夫しながら，自分が集めたいアルファベットの文字について尋ねたり答えたりして伝え合っている。〈行動観察〉（思・判・表）
●教師が大文字の見本を書いて示したり，教科書の付属のアルファベットカードを調べさせたりして，視覚的に支援する。 | ★可視

☆振返 |
| 5 | ○振り返り
• 本時の学習内容や新たな気付き，感想などを書く。 | ●本時の目標を確認してから書かせる。 | ☆振返 |

注：☆協同学習の要素（互恵：互恵的な協力関係，相互：促進的な相互交流，責任：個人とグループの責任，技能：社会的技能の獲得・使用，振返：振り返り）
　　★ファシリテーション技術（説明，質問，分析，可視，隊形，設計）

（3）各活動の解説

①　ABC ソング

　視覚的にも楽しく学習できるようにするため，YouTube の動画を活用する。YouTube には多様な動画があるが，その中から，児童が学習する字体と同じ字体を用いていているものを選択する必要がある（a と *a*，g と g など）。また，徐々にスピードアップしていく動画は，児童を飽きさせず，繰り返し視聴するのに適している。

②　当てっこゲーム

　テキストにある街中の看板のイラストを用いる。いくつかある看板から好きなものを選び，ペアになって Do you have "b" s?-Yes, I do. / No, I don't. のやり取りをしながら相手が選んだ看板を当てる。はじめに数人の児童が教師の

選んだ看板について質問する形でデモンストレーションを行い，活動のやり方をわかりやすく示す。鍵となる文はセンテンスカードや板書などで提示する。まだ英文を読む指導はしていない段階だが，音声を視覚情報とセットで聞くことで，記憶に残りやすくなるだろう。日頃から視覚的な補助として例文を提示しながら発音練習しておくことによって，音声と視覚情報とが結びつき，児童が活動の中で言い方を忘れた時に思い出すきっかけとなる。この活動の質問文"Do you have～?"は前単元で学習しているため，前単元からの継続的な提示によって，自然と英文が読めるようになっている児童も出てくることが期待される。

③　アルファベット集め

　この活動は協同学習の手法を用いて行う。グループになり，まず自分とメンバーの名前に使われるアルファベットの文字に意識を向けるようにする。その後グループに必要な文字を集計し，"o"を集める人，"k"を集める人というように分担して，グループで協力して活動する。グループ活動にすることによって児童1人が集める文字数は1～2文字となり，比較的短時間で集めることができる。また，自分が担当する文字を集めないと友達のネームプレートが完成しないという責任を負うため，グループの目標達成のために個人の責任を果たすという状況が生じる。一人ではうまく話せない児童にはサポートが必要である。日頃から児童同士のサポートを推奨し，望ましいサポートをしている児童の行動を共有することで，クラス全体がサポートの仕方がわかるようになる。この活動は，少人数学級を想定したものである。人数が多い学級では，半分のグループが前半に質問してもう半分のグループが答え，後半では逆になるようにすると，混乱せず活動できる。いずれにしても，児童の名前のイニシャルを事前にチェックして必要なカードを準備しておく必要がある。

④　ネームプレートづくり

　集めたカードを台紙の上に並べて作成する（図8‐10）。おそらくかなりの児童が自分の名前の表記の確認のために，最初に配られたワークシートを見ながら活動することになるだろう。その際，グループの隊形で1枚のワークシートを眺める状況から，わからなくて困っている様子が見られる児童には周囲から

第Ⅱ部　外国語教育の実践

図8-10　ネームプレート

のサポートが得られやすい。一通り文字を並べた段階で，教師が名前の頭文字は大文字にすることを教え，英語の表記の仕方に少しずつ慣れていけるようにする。実際にカードを並べてネームプレートという成果物を完成させることで，グループで協力し達成したことが可視化できる。最後にグループ活動の振り返りを行って，一生懸命尋ね回っていた行動や困っている時に教えてくれた行動を賞賛したり，改善すべき行動があればそれを確認したりすることによって，個々の授業の振り返りや次時の学習に生かすことができる。

（4）指導のポイント

　本単元はアルファベットを題材に聞いたり話したりする活動を通して，小文字の形や読み方に慣れ親しむことを目標とする。単元の最終タスクは，校内の表示や掲示物の中からアルファベットの小文字を見つけ出し，それらの写真で小文字の辞書をつくることである。第1時のガイダンスで，アルファベット辞書のサンプルを提示し，児童が最終タスクのイメージを持つことが重要である。クラスの人数に応じて，小文字辞書をクラスで1冊つくるかグループで1冊つくるかを調整し，全員が役割を担い，「協力することでグループの目標が達成できる」という経験ができるようにする。

　帯活動で扱うABCソングについて，『Let's Try!』のデジタル教材のABCソングはABCDEFG/HIJKLMN/OPQRSTU/VWXYZと4つの塊に分かれるものであり，児童は3年時に学習している。そこで，4年生には，少し変化をつけるため，HIJKLMNOPを一塊で歌う欧米式のものを取り扱う。本時はYouTubeの動画を使用しているが，教師の歌に字幕をつけたオリジナル動画でも児童は興味を持って視聴するだろう。日本でも馴染みのある歌であるが，CやVなど日本語にはない発音の文字については児童の発音をしっかり聞き取り，丁寧に指導する。慣れてきたらアカペラで歌ったり，1列1文字をロー

テーションしたりして変化をつけて歌ってみても楽しく活動できる。

　第2時には，英語の看板を題材にペアで Who am I? クイズを行う。ここでは，"I have 6 letters. I have two "O"s. Who am I?" と既習の自己紹介の表現を活用してやり取りを行う。さらには，次時の「当てっこゲーム」の対話形式のやり取りへと発展させる。似たような活動であってもやり方を少しずつ変えて行うことで，児童を飽きさせず繰り返し練習することができる。

　第4時には校内を探検してアルファベットの文字を見つけ出すという活動を行う。26文字を全グループで分担し，さらにグループ内でも分担して全員が役割を持つ。発表では，撮影したアルファベットの写真をモニターに映しながら I have a "t." It's here.（見つけた場所の写真も提示）と言って発表してもらう。撮影した場所も伝えることによって，校内の至るところにアルファベットの表記があり，身の回りにはたくさんのアルファベットが使われていることに気づくことができる。

学習課題　① 小学校中学年の外国語活動の授業内容に関して、第Ⅰ部で学習した理論的な
　　　　　　　　内容がどのように具現化されていたか，話し合ってみよう。
　　　　　　　② 自分たちが小学校の時に受けてきた外国語の授業との類似点や相違点を話し
　　　　　　　　合ってみよう。

引用・参考文献

久埜百合・粕谷恭子『子どもと共に歩む英語教育』ほーぐなん，2008年。

語学教育研究所（第10研究グループ）『語研ブックレット5　小学校英語2　子どもの学習
　　能力に寄り添う授業つくりの提案』一般財団法人語学教育研究所，2012年。

白畑知彦・冨田祐一・村野井仁・若林茂則『英語教育用語辞典　第3版』大修館書店，2019
　　年。

文部科学省『中学校学習指導要領（平成29年告示）解説』開隆堂出版，2018年。

第9章

小学校高学年の外国語授業実践

　5年生からは，教科として英語を学び始める。中学年の外国語活動をふまえ，高学年ではどんな英語の力をつけてもらいたいかをいっそう明確にする必要があるだろう。仲間とのチャレンジで楽しく英語を身につけることを目指す指導や，2つの単元を融合させ，長いスパンの中で対話活動を繰り返し，「発表」に必要な言語材料の定着もねらう指導もできるだろう。後者は，Small Talk の前段階の活動として取り組みやすい。3年生の外国語活動から積み上げてきた学習が大切ことは，言うまでもない。6年生の外国語科の実践においては，どのような目的・場面・状況に応じた学習を設定し言語活動を行っていくかが重要になってくる。児童がワクワクするようなゴールをどのように設定するが鍵である。

1　高学年の発達段階の特徴

　学校の中でも低学年のお世話や委員会活動などで中心的な役割を担う高学年の児童は，場面や状況に合わせて，自分で判断しながら他者と関わることができるようになってくる。また，それぞれの活動や行事の意味や目的を理解し，それを達成するために自ら考えて動いたり，他者に働きかけたりできるようになる。ぐんと大人びてくる時期であろう。

　英語の学び方では，5年生当初は，まだ中学年の余韻が残っており，活動そのものを楽しんだり，十分に意味理解の進んだ表現ならば安心して積極的に使おうとしたりする。それが徐々に単語の語順（文構造）にも注意が向くようになり，それまで塊で文の音の流れをつかんできたことを土台に，より分析的に文のどこをどの単語に変更すると自分の言いたいことが言えそうか，と考えて

第9章 小学校高学年の外国語授業実践

発話したり，聞いて理解でき自分でも言える英文が文字化されると，それを自ら音声化しながら読むこともできるようになる。多くの高学年の児童は，教師や仲間の発言にじっくりと耳を傾け，頭の中で英語の音をつくり出しながら，ぼそぼそと英語を口ずさみ，英語の音を確認している場合が多い。このような学び方の変化により，中学年の元気良く反応していた頃と比べると，表面的には積極性がないように見えることもある。指導者は，このような姿を目の当たりにすると，反応が薄いから理解していないのではないかと不安になり，説明調の授業展開となってしまうことが多々あるので注意すべきである。

　このような高学年の児童の傾向をふまえ，また，知的な発達を考慮した場合，文字を扱った学習は避けては通れないだろう。中学年で扱い慣れ親しんだ歌やナーサリー・ライムなどを文字化し英文で見せて，リズムよく教師と音読したり，その中にある単語探しを行いながら音と意味をつなぎ合わせたり，その中の英文を使い一部単語を変えて，自分の言いたいことを表現することも可能となってくるだろう。このようにして，言葉を使いながら，文字を介して学習を深めていくことが求められる。

　「言語経験アプローチ（Language Experience Approach）」という考え方が1960年代に提唱された。学習者が経験したことを土台として，それに関わる英語を文字化して発話したり読んだりしながら，文字を学習する方法である。言語経験アプローチは，背景となる知識を持っていない教材を読むことを強要されるものではなく，また，子どもにとって，その言葉が日々の言語や経験の一部となっているならば，それが印刷された言葉であっても読むことができるという考え方に基づいている。例えば，以下のような手順で子どもの文字を介した英語の学習が可能であるだろう（Curtain & Pesola, 1988）。

- 学習者は一部母語でもかまわないが，教師と英語でやり取りしながら，経験的にやったことを出し合う。
- 教師は子どもが言った言葉や考えを板書する。
- 板書し終わったら，教師と子どもは一緒に，声を合わせてそれらを読む。
- 学習者はそれらを別用紙にコピーし，それぞれの文の意味に関わるイラストなどを描いてもよい。それらの英文を学校や家で何度も読み返す。

第Ⅱ部　外国語教育の実践

　このように児童の言いたい気持ちから出てきた単語や英文が文字化され，それらを読む機会を授業内に散りばめておくことにより，それまで音声中心であった英語の学び方に，より文字が介在しながら言葉の理解と定着を促すことができるであろう。

　では，次節より高学年児童に対する実際の外国語科の授業内容を紹介する。第5学年と第6学年では，それぞれ，2020年度版の『Blue Sky elementary 5』と『Blue Sky elementary 6』（啓林館）を用いた実践を提案する。提案ではあるが，実際に実践したものをもとにしている。

2　実践例1——クイズ大会をしよう

（1）授業について
①　単元名　Who's he［she］? クイズ大会をしよう！
②　教　材　『Blue Sky elementary 5』「Unit 5 This is my sister.（身近な人のしょうかい）」
③　単元目標と評価規準
〈単元目標〉
自分の好きなキャラクターや人物の得意なことや特徴を紹介することができる。
〈評価規準〉
【知識・技能】
• できることや得意なこと，特徴などを表す語彙や表現について理解し，それらについて聞き取ったり，話したりする技能を身につける。
• 色々な形のアルファベット（B, b, D, d, I, i, R, r, V, v, Z, z）を識別し，名前読みをしたり，書き写したりする技能を身につける。
【思考力・判断力・表現力】
　他者を紹介する内容について，目的に応じて必要な情報を聞き取ったり，相手に伝わるように話したり，やり取りする。
【主体的に学習に取り組む態度】

第9章　小学校高学年の外国語授業実践

習ったことを積極的に用いて，相手に配慮しながら，自分の言いたいことを伝える努力をしたり，相手の話を理解しようと努めたりする。また，活動の中で気づいたことや学んだことを次に生かそうとする。

④　言語材料

【単語】

mother, father（家族）など，swimming, dancing（得意なこと）など，strong, kind, brave, friendly（特徴や性格）など

【表現】

Who's he [she]? She's [He's] my mother [brother]. Hana, are you good at cooking? Yes, I am. No, I'm not. Hana is [is not] good at cooking. This is my friend. She's [He's] Tomomi [Yamato]. She's [He's] smart.

⑤　単元計画

時	◎目標　　◇主な言語活動
1	◎家族の紹介を聞き取り，家族について尋ねたり答えたりする表現を理解することができる。 ◇ミニホワイトボードを活用した Who's he [she]? クイズを通じて家族について尋ねたり答えたりする表現を理解する。
2	◎得意なことについて尋ねたり，答えたりできる。 ◇ミニホワイトボードを活用したリスニング活動を通じて，得意なことを尋ねたり答えたりする。
3 （本時）	◎人物の性格や特徴についての紹介を聞き，理解することができる。 ◇グループで Quick response に挑戦することを通じて，性格や特徴を表す表現を理解する。
4	◎キャラクターの性格や特徴，得意なことについての紹介を聞き取り，尋ねたり答えたりする表現を理解することができる。 ◇オープン・クエスチョンを用いながら，ペアで互いの好きなキャラクターについて尋ねたり答えたりする。
5	◎キャラクターについて尋ねたり，性格や特徴，得意なことを紹介したりするやり取りができる。 ◇好きなキャラクター紹介についてのやり取りを，自信を持って行うことができるようにグループでアドバイスし合いながら活動する。
	◎自分の好きな人物の性格や特徴，得意なことなどについて紹介する Who's

163

第Ⅱ部　外国語教育の実践

6	he [she]? クイズの下書きをすることができる。 ◇キャラクター紹介をグループで行った経験をもとに，友達と協力して Who's he [she]? クイズの下書きをする。
7	◎自分の好きな人物の性格や特徴，得意なことなどについて紹介する Who's he [she]? クイズの清書を完成させることができる。 ◇友達と助け合って Who's he [she]? クイズを完成させ，アドバイスし合いながら発表練習をする。
8	◎Who's he [she]? クイズを通して，聞いている人にわかるように性格や特徴，得意なことなどを説明することができる。 ◇アセスメント（評価・分析）の要素を重視した Who's he [she]? クイズ大会をする。

（2）本時の展開

① 　ねらい　人物の性格や特徴についての紹介を聞き，理解することができる。

② 　展開（3／8時間目）

時	○学習活動	●教師の支援　　◇評価（方法）	☆協同 ★ファシリ
7	○挨拶 ○学習の流れとルールの確認 ○【帯活動】アルファベットの名前読みと書きの練習	●アルファベットの練習用ワークシートを用意する。	★説明 ★設計 ☆技能 ★可視
8	○グループでミニホワイトボードを活用した "Who's he [she]? クイズ" に挑戦する。 • 教師が読む問題を聞く。 • 児童は3人グループをつくり，音声と補助イラストをもとに，何について話されているのか推測し，相談する。 • グループごとにミニホワイトボードに回答を記入する。 • 全体で答え合わせをする。	●児童の理解を促すために写真入りスライドを用意し，クイズを読み上げながら提示する。 ●1グループにミニホワイトボードとペンを1つずつ用意する。	★可視 ☆相互 ☆互恵
5	○Jingle（リズムに乗せて家族と性格についての単語練習）。 • ゆっくりしたスピードから	●児童の様子を観察しながら，上手く発音できない単語を後で抜き出して指導する。	★可視

164

第9章　小学校高学年の外国語授業実践

	徐々にテンポアップさせて練習する。		☆分析
10	○絵カードを使用したグループ練習 ・やり方の説明を聞く。 ・教師と児童2人で行うデモンストレーションを見る。 ・3人グループで，ミニカードを使用しながら，絵を見て英語で答える練習をする。	●各グループに1組ずつ絵カードを用意しておく。	★説明 ★可視 ☆責任 ☆互恵 ☆相互
10	● Quick response（みんなでいくつ単語が言えるかチャレンジ）。 ・クラス全員で何問正解できるか目標点を決める。 ・3人グループをつくり，1から3の番号を決める。 ・何番が何の役をするのかを知る。（出題者，回答者，サポーター） ・グループみんなが言えるようになるよう，練習時間をとる。 ・役割を交代しながら，全員が一通り違う役を行い，問題に挑戦する。 ・全員で何問クリアできたか確かめる。 ・一緒に頑張ったグループの仲間に "Good job!" と言って，解散する。	●授業の前に事前にデモンストレーションお願いする児童と簡単に打ち合わせをしておく。 ●手順がわかるように，簡単にやり方を文字でも示す。 ◇人物の性格や特徴について表す語について理解することができる。	★説明 ★可視 ☆責任 ☆互恵 ☆相互 ☆技能
5	○本時の学習の振り返りを行う。 ○次の時間の学習内容を確認する。 ○挨拶		☆振返 ★分析

注：☆協同学習の要素（互恵：互恵的な協力関係，相互：促進的な相互交流，責任：個人とグループの責任，技能：社会的技能の獲得・使用，振返：振り返り）
　　★ファシリテーション技術（説明，質問，分析，可視，隊形，設計）

第Ⅱ部　外国語教育の実践

（3）各活動の解説

①　【帯活動】アルファベットの名前読みと書きの練習

　現行の小学校新学習指導要領（2017〈平成29〉年告示）では，ローマ字学習は
3年生で行う。5年生の段階で児童はすでにアルファベットの名前はだいたい
わかるが，4線の上に正しく書くことにはまだ慣れていない。特に，4年生段
階の外国語学習は「聞く・話す」を中心にしているため，5年生の段階で4線
の上に正しく丁寧に書く習慣を身につけてもらいたい。そこで，アルファベッ
トの名前読みと書きの練習は一気に行うのではなく，大文字とその対となる小
文字とを一緒に毎時間帯活動として短く時間を設けて指導を続けていくように
する。少しずつ根気よく指導を続けていくことで，児童にしっかりと定着を図
ることができると考える。

②　ミニホワイトボードを活用した "Who's he［she］?" クイズ

　本時のねらいに迫るための授業の導入として自作の "Who's he［she］?" ク
イズを行う。ここでは，その後，単元の終わりに児童が作成する "Who's he
［she］?" クイズをイメージして，児童に馴染みのあるアニメキャラクターにち
なんだクイズを下記のように出題する。答えとなるアニメキャラクターはでき
るだけ多くの児童が知っているものを選ぶよう配慮する。また，クイズは1文
ずつイラストつきで示し，児童が理解しやすいように配慮する。特徴や性格を
表す単語は本時で学ぶ内容となっているので，児童はイラストから推測して考
えていくことになる。ここでは，児童の思考を促し，次の単語習得につなげて
いくことが目的なので，すぐにわからない単語の意味を教師が日本語で教える
のではなく，児童に考える余地を残したい。

> He is one of Japanese *anime* characters.
> He can sing.
> He is not good at singing.
> He is strong.
> Who's he?

　活動では，3人グループをつくり，クイズを始める前に仮の番号（あるいは

第 9 章　小学校高学年の外国語授業実践

みんなで相談する　　ホワイトボードに書く　　代表者が発表する

図 9-1　「代表頑張れ」の手順

番号の代わりに季節などでもよい）を決めておく。その後，クイズを出題する。クイズを聞いた後，3人で相談して答えを話し合う。その際，なぜその答えにしたのか理由も話し合っておく。話し合い後に，教師はミニホワイトボードに答えを記入する役と，発表する役の番号等を発表する。はじめからホワイトボードに記入する役や発表役を決めてしまうと，話し合いを行わずに，独断で答えを決めてしまうおそれがあるからである。また，自分の役割だけを行えばよいのだと考えてしまう児童も出てきて，協同学習ではなく，分業制に陥ってしまうこともある。しかし，発表などの役を後で与えることでそれらを防ぎ，児童は誰に聞いても理由を答えられるように話し合いを進めていく必要性が出てくる。このようにグループのメンバーが頭を寄せ合って相談し物事を決めていく協同学習の手法である「代表頑張れ（Numbered heads together）」（図 9-1）は，簡単な手順で行うことができる上に，グループのメンバー間に互恵的な関係を築くことができ，小学生に向いている手法と言える。さらに，ミニホワイトボードで自分たちの意見を可視化することは，思春期に差しかかった5年生児童にとって，自分の意見を自信を持って周囲に伝える手段として有効に働くものだと思われる。

③　絵カードを使用したグループ練習

　Jingle の後に行う絵カードを使用したグループ練習は，次の Quick response の活動につなげていく大切な活動である。まず，最初の活動と同じ3人グループをつくる。その上で，児童に，次の Quick response の活動でどの程度今回の新出単語を覚えることができたか確認する活動を行うということを告げ，本番でのやり方を説明する。本番では，まずはじめに簡単な日本語でやり方の手順を書いたものを示す。さらに，教師と児童2名によるデモンスト

第Ⅱ部　外国語教育の実践

レーションを見せる。3人の役割は，①出題者，②解答者，③サポーターである。出題者役の児童が "What's this?" と聞き，解答者役の児童がすばやく絵カードから推測される言葉を英語で答えていく。サポーター役の児童はいくつ答えられたかを数えながら，わからない時には答えを教える。

　アシスタント児童2名には，授業が始まる前に，デモンストレーションで手伝ってくれるようにお願いし，簡単にどんな演技をしてもらいたいのかを伝えておく。その際，これは活動のやり方をわかりやすく伝えるものであり，決して上手に英語を話す様子を皆に見てもらうために行うものではないことを伝えておく。よって，実際に皆の前で行う時には，わざと絵カードを見て言いよどむ場面もつくり，サポーター役の児童がアドバイスをする場面も見せる。学習のルールとして，授業の始めに確認する "Help each other." "Enjoy making mistakes." は，ただの合言葉にするのではなく，実際の活動場面で行為と一致させながら学べるようにしたい。説明終了後，絵カードを1グループに1組ずつ配布し，グループ練習を開始する。役割は順番に交代して行うようにする。活動を行っていく中で，どの程度わかるようになったのか児童自身が感じ取ることができるであろう。

④　協同学習の要素を取り入れた Quick response

　Quick response の活動を開始する前に，クラス全体で合計いくつ言えることを目標とするのか，めあてを話し合っておく。全員で1つの目標を定めることで，競争ではなく，一緒に頑張ろうという気持ちを高めることができる。

　本番では，1回ごとに時間を図り，解答できた枚数を班ごとに記録してもらう。終了後，すべてのグループの解答枚数を合計し，チャレンジが成功したか確認したい。チャレンジの成功・不成功に関わらず，最後は，互いの健闘を称え "Good job!" "Thank you!" と声をかけ合って終わる。互いを尊重し承認し合う行為は，教室に安全・安心な雰囲気をつくり，次への活力を生み，学習の効果を高めていくことにつながる。特に，5年生児童は思春期の入り口に立つデリケートな時期にいる。安心感や承認は児童の学習への不安を取り除くことができる。さらに，チャレンジが成功すれば，「自分はクラスに貢献できた」という思いが児童の自己存在感を高め，「もっとみんなで頑張りたい」という

第9章　小学校高学年の外国語授業実践

団結力と向上心を生むことだろう。

（4）指導のポイント

　本単元は，最終タスク「"Who's he［she］?" クイズを通して自分の好きな
キャラクターや人物を紹介しよう」を達成するために，①"Who's he［she］?"
"He［She］is～." という尋ね方と答え方，②人物の得意なこと，③人物の性格
や特徴について，段階を踏んで学習していく。4 年生の時と大きく異なるのが，
外国語が教科となったために**パフォーマンステスト**によって評価されることに
なる点である。また，時数も 4 年時の 2 倍となり，習得していく内容がぐっと
増える。特にこの Unit 5 は，家族，得意なこと，性格と特徴の 3 種類につい
て学ぶので，一気に難しくなったと感じる児童もいることだろう。

　そこで，単元全体を通じて大事にしていきたいのが，インプットの時間の確
保と，互いを承認し助け合って学習を進める雰囲気である。まず，4 年生の時
と同じようにたくさん英語を聞き，耳から覚えるようにしたい。そうすること
で次の話す活動や，文字に書き表す活動がスムーズになる。

　また，どうしても覚えなければならないことが増えてきた時に，児童の得
意・不得意や，コミュニケーションをとっていくことに積極的な児童とそうで
ない児童との間で差が生まれてくることが予想される。そんな時に，授業者と
しては，不得意だからやらないのではなくて，不得意だが頑張れる雰囲気，安
心して参加できる雰囲気，そして努力している仲間を温かく見守り助けていく
雰囲気のある学習空間となるよう，配慮しながら指導をしていきたい。

　本実践における協同学習でも，クラス全体で 1 つの目標を設定し，競争を強
調しないよう配慮したり，互いに教え合い助け合うことを大切にしながら，
個々の力を伸ばすように配慮したりしたのは，以上のような理由からである。

3　実践例 2 ——わくわくする先生紹介ポスターをつくろう

（1）授業について

① 　単元名　わくわくする先生紹介ポスターをつくろう

169

第Ⅱ部　外国語教育の実践

②　教　材　『Blue Sky elementary 5』「Unit 4 & Unit 5（部分的に）」

③　単元目標と評価規準

〈単元目標〉

ワクワクする「先生紹介」をするために，できることやできないこと，得意なことを言ったり尋ねたり，性格や特徴について表現したりすることができる。

〈評価規準〉

【知識・技能】

できることやできないこと，得意なことおよび性格や特徴を表す語彙や表現について理解し，それらについて聞き取ったり，話したりする技能を身につける。また，簡単な語句などを書き写す技能を身につける。

【思考力・判断力・表現力】

できることやできないこと，得意なことおよび性格や特徴について，目的に応じて必要な情報を聞き取ったり，相手により良く伝わるように話し方や内容，順序を工夫したりする。

【主体的に学習に取り組む態度】

• 習ったことを積極的に用いて，相手に配慮しながら，自分の言いたいことを伝えたり，相手の話を理解しようしたりする。

• 仲間との協同的な活動を通して，互いの考えの良さや違いを肯定的に受け止めながら，活動の中での気づきや学びを次に生かそうとし，自らの目標達成や共通の課題を解決しようとする。

④　言語材料

【単語】

swim, dance, cook, ski, skate, run, sing, ride, play, eat, drink, cook, catch, touch, scoop, skip, wink, English, unicycle, volleyball, piano, curry and rice, chicken rice, well, fast, coffee, rolled egg, instant noodle, lion, worm, frog, horse, dog, bird, *kendama*, *shogi*, *wasabi*

※家族のメンバーを表す表現は本単元では扱わない。

【表現】

I [He, She] can[can't]〜. Can you〜?, Yes, I can. No, I can't. be good

170

第9章　小学校高学年の外国語授業実践

at〜. She［He］is〜.

⑤　単元計画

時数	◎目標　　◇主な言語活動
1	◎単元の見通しを持つことができる。 ◇3ヒントクイズ（先生）に答える。
2 (本時)	◎自分のできること・できないことを話そう。 ◇Card Talk ①（話題：食べ物　使用する動詞：eat, drink, cook）
3 4	◎自分のできること・できないことを話そう。 ◇Card Talk ②（話題：①＋生き物　使用する動詞 touch, catch, ride, scoop）
5	◎できること・できないことを書き写そう。 ◇Listen and Play に取り組み，できること・できないことを聞き取る。 ◇手本をもとに自分自身のできること・できないことを書く。
6	◎相手ができるか尋ねよう。 ◇Card Talk ③（話題：②＋スポーツ　使用する動詞：play, run, swim, ski, skate 副詞：fast, well）
7	◎留学生への質問を書こう。 ◇Card Talk ④（話題：③＋楽器，その他　使用する動詞：play, sing, skip, wink, speak） ◇留学生への質問を1つ考えて書く。
8 9	◎留学生に，「〜ができますか」と尋ねよう。パフォーマンス評価1（やり取り） ◇グループでインタビューする。質問は1人1つ，質問者，記録者，盛り上げ係の役割は交代で担当する。留学生からの質問にも答える。
10	◎先生への質問を書こう。 ◇チーム名を決める。これまでの学習を参考に，1人2つ質問を短冊に書き，班で1枚の紙にまとめる。 ◇Listen and Do ①に取り組み，be good at の表現について知る。
11	◎He や She を使って，第三者のできること・できないことを言おう。 ◇Lucky Card Game（ペアで，それぞれのカードに書いてある絵を見せ合い，She/He can〜. と言った後カードを交換。最後に手元にあるカードと教師のLucky Card が一致した人が Today's Lucky Student） ◇Listen and Do ②に取り組み，be good at の表現に慣れる。
12	◎自分や友達についてできること・できないことを言おう。 ◇列ごとでチェーンゲームを行う。
13	◎人の性格や特徴を表す言い方を知ろう。 ◇アニメキャラクターやスポーツ選手についての3ヒントクイズにチームで答

171

第Ⅱ部　外国語教育の実践

	える中で（「代表頑張れ」使用），性格や特徴を表す語を知る。
14	◎チームで3ヒントクイズを考えて，書こう。 ◇チームで，誰について，どのようなヒントをどのような順番で出題するかを考えながら，作成する。以後，授業内で出題。
15 〜 18	◎ワクワクする「先生紹介」ポスターを作成しよう。 ◇教師から返却されたインタビューへの回答を読み，ポスターの内容を話し合う（名前，できること・できないこと，得意なこと，性格や特徴等を含め，6文以内）。 ◇下書き，清書，イラスト，発表練習。
19 20	◎「先生紹介」（発表）をしよう。パフォーマンス評価2（発表） ◇全体の前で発表，聴衆は聞き終えた後にコメントを書く。

注：1単位時間は30分である。

（2）本時の展開

① 　ねらい　自分のレベルに合わせて，自分のできること・できないことを言うことができる。

② 　展開（2／20時間目）

時間	○学習活動	●教師の支援　◇評価（方法）	☆協同 ★ファシリ
3分	【Greeting, Rules, and Schedule】 ○挨拶 ○クラスルームルール，単元Can-do リストを確認する。 ○めあてを確認する。	●授業の流れとルールを掲示し，活動中に意識できるようにする。	★説明 ★設計 ★可視
17分	【Card Talk：food】 ○カードを見て，自分ができるかできないか仲間と伝え合ったり，関連する話をしたりする。 ①can と can't を書いた紙（あるいはホワイトボード）とカードをもらう。 ②対話に使う動詞を知る。 ③デモを見る。 ④話す（個人でチャレンジレベ	●チャレンジレベルを黒板に貼る。デモンストレーションを行う。チャレンジレベル伝える。 ●既習事項で言えそうな表現を選び，皆で考える。	★説明 ★可視 ☆促進

	ルを選ぶ)。 ⑤話した内容や質問，言いたかったけれど言えなかったことを共有する。		
7分	【Listen and Play（ポインティングゲーム）】 （pp. 42-43扉絵） ○英語を聞き，誰のことを話しているのか指を指す。 　教師：Riku can ride a unicycle. 　児童1：何て言っているかわからないな。 　児童2：「りく」って言っているよ，たぶんこの子（指差す） 　教師：Yes, Riku can ride a unicycle.（大型TVで答え合わせ）Who can ride a unicycle? 　児童2：はい！	●ペアで1つの教科書を共有する。 ●「名前」や「知っている語」を手がかりに，友達と一緒に絵を指差す。すべて聞き取れる必要はないことを伝える。	★説明 ☆互恵 ★可視
3分	【Reflection】 ○学習内容，協同学習，チャレンジレベルの視点から学習を振り返る。	◇チャレンジレベル1に挑戦できたか（観察，振り返りシート）	★説明 ☆振返

注：☆協同学習の要素（互恵：互恵的な協力関係，相互：促進的な相互交流，責任：個人とグループの責任，技能：社会的技能の獲得・使用，振返：振り返り）
　　★ファシリテーション技術（説明，質問，分析，可視，隊形，設計）

（3）各活動の解説

①　クラスルームルール等

　Respect each other（お互いに尊重しよう）や Give it a try（チャレンジしよう）がルールである。合言葉のように，何度も使うようにしたい。教室内には，英語が得意な児童も苦手な児童もいる。そんな仲間同士だからこそ，得られる学びもある。

第Ⅱ部　外国語教育の実践

 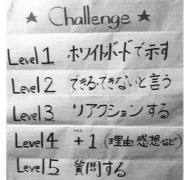

図9-2　カードの例　　　　　図9-3　チャレンジレベル

②　Card Talk

　最初から文法や単語指導はほとんどせず，教師はデモンストレーションの中で，身につけてほしい言語材料を繰り返し使用しインプットをする。デモンストレーションの中に児童を巻き込むと良いであろう。活動中は主に机間指導をし，必要に応じて質問に答えたりヒントを与えたりする。よく尋ねられる質問は，全体共有をする。各カードにはイラストがあり，イラストをヒントに英語で何と言うか推測できるものを中心にする。「何て読むかな」という仲間との関わりが自然に生まれ，児童の活躍の場を増やす。カードは裏返して重ねておき，何が出るかわからないようにする方法や，「私はこれが話したい」というテーマのカードを選ぶという方法もある。カードの内容は，担当するクラスの実態に合わせて，柔軟に選ぶと良い。教科書が扱う単語も用いながら，児童が熱中している遊びやスポーツ（サッカー，水泳，スキーなど），嗜好の好みが分かれそうな食べ物（サビ入り寿司，昆虫食など），生き物（犬，カエル，ミミズなど）に触れるかどうかなど，様々なバリエーションを用意すると，英語が得意でない児童でも輝ける機会が生まれる（図9-2）。

　どの学習レベルの児童でも安心して活動に参加できるように，対話レベル（チャンレンジレベル）を示す（図9-3）。英文を言うのが難しければ，「can/can't」を指差すだけという形も参加の方法の1つとして紹介する。参加のレベルは，児童が決め，毎時間の振り返りで，どのレベルまで挑戦できたか記録

第 9 章　小学校高学年の外国語授業実践

することで自らの成長を振り返る。

（4）指導のポイント

　どのチャレンジレベルに挑戦するか，達成できたか，授業のはじめと終わり
に確認する場を設けると良いだろう。グループは毎回（あるいは 2 回に 1 度）変
えると良い。カードの引き方によっては，同じカードの内容を違うチームメン
バーと話す機会が生じる。前のグループでは教えられる立場であった児童が，
新しいグループでは教える立場になることもある。または同じ内容について違
う相手と話すことで，自信を持って話すことができる。様々な仲間と活動をす
ることで，誰とでも協同できるようにする。児童に，「友達と話したい話題」
を募集してみるのも良いだろう。

　図 9-3 の「＋ 1」のように，理由，感想などを加えることに対する壁が高
いだろう。デモンストレーションの中で，児童の既習表現で言えそうなことを
紹介したり，プラス 1 を言えていた児童にどんなことを言ったか紹介してもら
うと良いだろう。児童は，英語で「できる・できない」と話した後に，日本語
で「でも○○なんだよね」や「△△習っているよ」などと話すことが多い。そ
して，その日本語でのやり取りのいくつかは「英語」でも表現可能であるだろ
う。即興でのやり取りが初めてな児童にとっては，日本語を交えながらの対話
からのスタートでも良いが，できる限り，英語で話すことに挑戦できるように
支援したい。意図的に「児童の経験したことのないこと」を混ぜ，その際の発
話をどうしたらいいか全体で考える機会を設けることも効果的であろう。例え
ば以下の例を参照いただきたい。単元の最後までペアで**対話活動**を行う機会を
設けた方が，定着のためには良いだろう。

児童 1：Can you touch lions?

児童 2：分からないな，何て言うのかな。I don't know.

児童 3：でも，赤ちゃんだったら触れる。赤ちゃんライオンって何て言う？

児童 4：Small? Baby?

教　師：You can touch baby lions. Baby lions are cute!

第Ⅱ部　外国語教育の実践

4　実践例3——週末のできごとをインスタ日記で友だちに紹介しよう

（1）授業について

① 　単元名　週末のできごとをインスタ日記で友だちに紹介しよう

② 　教　材　『Blue Sky elementary 6』「Unit 5 What did you do last weekend?（週末のできごと）」

③ 　単元目標と評価規準

〈単元目標〉

簡単な過去形や感想を表す表現を用いて話したり聞いたりして，最近の出来事とその感想を伝え合うことができる。

〈評価規準〉

【知識・技能】

最近したことやその感想を表す語彙や表現について理解し，それらについて聞き取ったり，話したり，読んだり，書き写したりする技能を身につける。

【思考力・判断力・表現力】

最近の出来事について，目的に応じて必要な情報を聞き取ったり，相手に伝わるように話したり，やり取りしたりする。

【主体的に学習に取り組む態度】

習ったことを積極的に用いて，相手に配慮しながら自分の言いたいことを伝えたり書いたり，相手の話を理解したりしようする。また，活動の中で気づいたことや学んだことを次に生かそうとする。

④ 　言語材料

【単語】

動詞の過去形：played, made, watched, bought, 天気：sunny, cloudy, rainy, snowy, 時間：yesterday, last, weekend, 感想：fun, exciting, good, great

【表現】

What did you do yesterday? I (played tennis). What did you do last

176

weekend? I (played soccer) last (Sunday). It was (exciting). It was (sunny).

⑤ 単元計画

時	◎目標　　◇主な言語活動
1	◎単元の見通しを持つ。 ◎先生が昨日したことや感想を表す表現を知る。 ◇Unit 5 のガイダンス ◇先生の昨日の話を推測しながら聞いて，過去の出来事を表す表現を知る。
2	◎昨日したことを友だちに尋ねたり答えたりする。 ◇先生の対話にならって，グループで昨日したことを友だちに尋ねたり答えたりする。
3	◎昨日したことを即興的に友だちと話す。 ◇Small Talk で自分が昨日したことを話し，ワークシートに書く。
4 (本時)	◎先週末にしたことについて友達に尋ねたり，答えたりする。 ◇自分が先週末にしたことをオリジナルチャンツにして発表する。
5	◎先週末にしたことについて尋ねたり答えたりする。 ◇英語の日記を聞いたり読んだりしながら日記の書き方を知る。
6	◎インスタ日記の発表に向けて，最近の出来事を話す。 ◇Small Talk で週末にしたことを話す。 ◇絵カードを参考に日記を構成し，発表に向けて練習する。
7	◎先週末したことを発表する。 ◇インスタ日記を発表し，ワークシートに書く。（パフォーマンステスト）

（2）本時の展開

① ねらい　先週末にしたことについて友達に尋ねたり答えたりできる。

② 展開（4／7時間目）

時間	○学習活動	●教師の支援　　◇評価（方法）	☆協同 ★ファシリ
12	○挨拶 ○ルールとスケジュールの確認 ○フォニックス[sh/ch/wh/th] ・ペアでカードを並べ，読ま	●ルールとスケジュールを示す。 ●授業のルールを掲示する。 ●子音だけ聞いてもらう。最初は音だけで，後にカードも見せながら英語を聞いてもらう。	★可視 ★設計 ☆技能 ★説明 ☆互恵

第Ⅱ部　外国語教育の実践

	れた音が含まれるすべての単語に協力してタッチする。		
10	先週末にしたことを友だちに尋ねたり答えたりしよう。		
	○本時の目標の確認 教師1：What did you do last weekend, ○○（教師2）? 教師2：I enjoyed running last Sunday. 教師1：Uh-huh. Tell me more. 教師2：OK. I went to the park last Sunday. I played badminton with my friend and we enjoyed jogging. It was fun. 教師1：I see. ...	●本時の目標を提示する。 ●関連する写真を提示して興味を持てるようにする。 ●話す前に内容を予想できるように支援する。 ● Tell me more. と Anything else? を使いながら話を深めていく手本を示す。 ●写真に関する情報以外の英語表現も用いてまとまった内容を聞いてもらう。	★可視 ★説明 ★可視
	○リスニングクイズ ・写真を見ながら先週末の出来事について教師の対話を聞く。 ・ホワイトボードに答えを記入し正解を確認する。 ○単語の発音練習 ・デジタル教科書とフラッシュカードで発音練習する。	●全員のホワイトボードの記述を読み上げる。 ●役割を変えながら繰り返し発音練習してもらう。 ◇最近の出来事を表す表現を聞いて，繰り返し練習している。（態）	★可視 ★説明 ★可視
18	○オリジナルチャンツづくり ・個人で週末したことを思い出す。 【質問係/答え係/あいづち係/記録係】 ㉫：What did you do last weekend? ㉒：I played baseball last Sunday. ㋐：Uh-huh. Tell me more. ㉒：It was fun. ㋐：I see. ㉖：（ワークシートに記録する） ・グループで尋ね合う。	●補助として既習の過去形表現を記載したワークシートを配布する。 ●やり方を説明し手本を示す。 ◇友達が週末したことについて聞き取る。（思・判・表）	☆責任 ☆技能 ★説明 ★可視 ★隊形

178

第9章　小学校高学年の外国語授業実践

	・記録した内容をチャンツにして練習し，発表する。 ○グループ活動の振り返り ・建設的な行動や改善すべき行動を話し合う。 ○ライティング ・本時の活動で話したことを教科書を見ながら書き写す。	●リズム音源を流す。 ●いくつかのグループに発表してもらう。 ●机間指導しながら英文表記のルールを助言する。	☆振返
5	○本時の学習を振り返る。 ○挨拶	●振り返りシートに本時の学習の振り返りを記入してもらう。	☆振返 ★分析

注：☆協同学習の要素（互恵：互恵的な協力関係，相互：促進的な相互交流，責任：個人とグループの責任，技能：社会的技能の獲得・使用，振返：振り返り）
　　★ファシリテーション技術（説明，質問，分析，可視，隊形，設計）

（3）各活動の解説

　本時は，「聞く→話す→書く」という流れで活動を構成する。言語活動の話題は一貫して週末の出来事であり，教師の話，自分自身の話，友人の話と視点を変えながら活動をくり返すことで，週末の出来事を話すという対話の型を少しずつ定着するだろう。

① 　フォニックス

　帯活動で行う。この単元では難易度が高い2文字子音を扱うため，児童がやる気を失わない工夫が必要である。本時では，教師が子音のみを発音し，ワークシートの該当する単語すべてにタッチするという活動によって，ペアで協力しなければ達成できない状況をつくる。

② 　リスニングクイズ

　ホワイトボードを使用する。教師1と教師2がそれぞれ週末の行動に関連する写真を提示し，どちらの写真がどちらの先生のものかを児童に推測してもらう。聞く前に内容を推測しておくことで，児童は初めて聞く英語も理解しやすくなる。また写真を用いることで，苦手な児童も活動に参加しやすくなる。ホワイトボードには，聞く前の予想と聞いた後の答えで自分の考えを二度書くことになる。発言が苦手な児童にも参加しやすい形態で自己表現の機会を設定す

179

第Ⅱ部　外国語教育の実践

る。ここで教師が話す対話文は，この後の活動で児童が話す表現でもあるため，児童が対話文を繰り返し聞けるようにしておきたい。

③　グループのオリジナルチャンツづくり

　役割分担をし，互いの週末について尋ね合う。そしてその内容をチャンツにして練習し，最後に発表する。一問一答ではなく，「あいづち」の表現を取り入れることで，対話を続ける技術を練習する。対話をしやすくなるようなテンポとリズムの音源を使用する。また，補助資料として過去や感想を表す既習表現を一覧にしてグループに配る。グループに1枚だけ与えることで，ワークシートが見やすくて対話しやすい隊形に自然と移動する。英語が苦手な児童には周囲からのサポートが必要である。役割分担の1つを「記録・サポート係」とし，共に考え，励まし，言えた時に共に喜んでくれる関係性をつくっていきたい。

（4）指導のポイント

　本単元の最終タスクは「インスタ日記」の発表である。児童は前単元で過去形を用いて絵日記の発表を行うので，同じような活動という印象を払拭するためにInstagramの要素を取り入れる。第1時のガイダンスで「インスタ日記」の見本を示し，児童に目標と見通しをもってもらう。その際，児童が理解しやすいよう，前単元で学習した日付，曜日，天気，過去形を用いて内容を構成する。ガイダンスで示す見本はワークシートによるものだが，「写真の提示」と「4文以上の英文」という条件を満たしていれば，タブレットを用いてデジタル化したり紙ベースで作成したりと，児童の考えで形式を決定できる自由度があることで，個々の児童にとってやりがいのあるものになる。

　単元を通して，「聞く→読む→話す→書く」と4技能を結びつけつつ，内容を，一問一答の長さから，あいづちを用いてやり取りを継続するような対話へと発展させていく。Small Talkで苦労しながら話した表現や，発表に向けて繰り返し練習した表現を書くことで，文字と内容のイメージが結びつくため，文字の羅列ではなく，自分の思いが込められた英文になる。

　児童が自分のことを話す機会をたくさん設けたいため，Small Talkを継続的に実施する。最初は教師の話を聞くことから始め，教師対児童，児童対児童

第9章　小学校高学年の外国語授業実践

へと発展させる。Small Talk は2回セットで行うことを基本とし，1回目と2回目の間に「言いたかったけど言えなかった表現」を確認することで（カンファレンスの時間を設定），2回目のやり取りがより活性化する。Small Talk の様子を評価する際は，IC レコーダーやタブレットで記録しておくと，クラスが同時に活動していても確実に見取ることができる。

5　実践例4——小学校の思い出をフォトブックでマリア先生に紹介しよう

（1）授業について

① 　単元名　小学校の思い出をフォトブックでマリア先生（ALT 等）に紹介しよう

② 　教　材　『Blue Sky elementary 6』「Unit 6 I enjoyed school.（小学校の思い出）」

③ 　単元目標と評価規準

〈単元目標〉

簡単な過去形や感想を表す表現を用いて話したり聞いたりして，小学校の思い出を伝えることができる。

〈評価規準〉

【知識・技能】

思い出の学校行事やしたこと，感想を表す語彙や表現について理解し，それらについて聞き取ったり，話したり，読んだり，書き写したりする技能を身につける。

【思考力・表現力・判断力】

小学校の思い出について，目的に応じて必要な情報を聞き取ったり，相手に伝わるように話したり，やり取りする。

【主体的に学習に取り組む態度】

習ったことを積極的に用いて，相手や他者に配慮しながら，自分の言いたいことを伝えたり書いたり，相手の話を理解しようと努めたりする。また，活動の中で気づいたことや学んだことを次に生かそうとする。

第Ⅱ部　外国語教育の実践

〈パフォーマンステストのルーブリック〉

話すこと［発表］

目標：マリア先生に思い出の学校行事と感想が伝わるように工夫して話す。

	知識・技能	思考・判断・表現	主体的に学習に取り組む態度
評価基準	学校行事やそこでしたことや感想を表す表現を理解し，それらを用いて自分の思い出を伝える技能を身につけている。	思い出の行事としたこと，感想をわかりやすく伝えるために，既習表現やジェスチャーを用いて，相手に伝えている。	思い出の行事としたこと，感想をわかりやすく伝えるために，既習表現やジェスチャーを用いて，相手に伝えようとしている。
A評価	ほぼ正確な文や単語を用いて伝えることができている。	写真を指差したりジェスチャーを用いたりして，既習表現を使って自分の伝えたいことを表現する。	写真の指差しやジェスチャーに加え，視線，声の大きさ，話す速さを十分に意識している。
B評価	ある程度誤りがあるものの，伝えることができている。	既習表現を使って自分の伝えたいことを表現する。	視線，声の大きさ，話す速さに留意している。

④　言語材料

【単語】

学校行事（the entrance ceremony, the field trip, the sports festival, the school camp, the swimming meet, the school trip, the school marathon, the drama festival, the music festival, the graduation ceremony など），動詞の過去形（bought, played, made, saw など），感想（fun, exciting, good, great）

【表現】

What's your favorite memory of school? It's (the school trip). My favorite memory is (the school trip). It was (great). We (saw Tokyo Skytree).

⑤　単元計画

時	◎目標　　◇主な言語活動
1	◎新出単語や表現に慣れ親しみ，学校行事を表す表現を聞き取ったり覚えたりすることができる。 ◇学校行事について紹介される英語を聞き取り，新出単語や表現に慣れ親しん

第9章　小学校高学年の外国語授業実践

	だり学校行事を表す表現を覚えたりする。
2	◎学校行事を表す表現を理解し，思い出の行事を尋ねたり答えたりすることができる。 ◇学校行事カードを集める活動で友達と思い出の学校行事を尋ねたり答えたりする。
3 (本時)	◎修学旅行の思い出をたくさんの友達に尋ねたり答えたりすることができる。 ◇クラスの「修学旅行の思い出ベスト3」を予想し，グループで協力して全員にインタビューする。
4	◎思い出の学校行事について尋ねたり答えたりすることができる。 ◇オープン・クエスチョンとあいづちを使い，思い出の学校行事について尋ねたり答えたりする。
5	◎学校行事でしたことを振り返り，既習事項を用いた表現を考えることができる。 ◇グループごとに提示された学校行事でしたことを動詞の過去形を用いて書き出す。
6	◇既習表現を用いて思い出フォトブックの下書きを書くことができる。 ◎思い出の学校行事について，前時で書き出した表現をもとに紹介する内容を決め，思い出フォトブックの下書きを書く。
7	◇思い出フォトブックを完成させ，3人で役割を交代しながら練習することができる。 ◎思い出フォトブックを清書し，発表に向けて繰り返し練習して自信をつける。
8	◇思い出フォトブックをマリア先生にわかりやすく発表することができる。 ◎思い出の学校行事について，相手に合わせた伝え方を考え，マリア先生（ALT等）に発表する。（パフォーマンステスト）

（2）本時の展開

①　ねらい　修学旅行の思い出をたくさんの友達に尋ねたり答えたりすることができる。

②　展開（3／8時間目）

時間	○学習活動	●教師の支援　◇評価（方法）	☆協同 ★ファシリ
2	【Greeting, Rules, and Schedule】 ○ルールと本時の予定を確認	●黒板に掲示し，活動中に意識で	★可視

183

第Ⅱ部　外国語教育の実践

	する。	きるようにする。	★設計
5	「修学旅行の思い出ベスト3」を予想し，たくさんの友達に尋ねたり答えたりすることができる。		
	【Jingle】 ○提示された行事を英語で言う。	●バリエーションを変えて繰り返し練習できるようにする。	★可視
10	【Listen and Do】 ○音声を聞き，ペアで協力して，なるべくたくさんの情報を聞き取る。 ○聞き取った内容をホワイトボードに書く。	●聞く視点を与え，内容を確実に聞き取れるようにする。 ◇学校行事でしたことや感想等をまとまった話を聞いて概要を捉え，必要な情報を聞き取ろうとしている。（聞く：態）	★可視 ★分析
5	【Chant】 ○リズムに乗せて英語表現の練習をする。	●バリエーションを変えて，繰り返し練習できるようにする。	★可視
5	【Small Talk】 ○ペアで思い出の学校行事を尋ねたり答えたりする。	◇友達に小学校の思い出を伝えるために，簡単な語句や基本的な表現を用いて質問したり，答えたりしようとしている。（やり取り：態）	★可視 ★分析
13	【Activity】 ○クラスの修学旅行の思い出ベスト3を予想し，グループで協力してインタビューする。	◇修学旅行の思い出ランキングの予想を確かめるために，必要な情報を聞き取ろうとしている。（聞く：態）	★説明 ★可視 ☆互恵 ☆促進 ☆責任
5	【Reflection】 ○本時の振り返りを書く。		☆振返 ★分析

注：☆協同学習の要素（互恵：互恵的な協力関係，相互：促進的な相互交流，責任：
　　個人とグループの責任，技能：社会的技能の獲得・使用，振返：振り返り）
　　★ファシリテーション技術（説明，質問，分析，可視，隊形，設計）

（3）各活動の解説

① Greeting, Rules, and Schedule

児童の安全・安心な授業参加を促すため、毎時間、授業の冒頭で**クラスルームルール**（図9-4）の確認と本時のゴール（めあて）やスケジュールの確認を行う。本時が単元の中のどのような位置づけになっており、何がどこまでできれば良いのか、どのような手順で学習が進むのかを児童に示すこと

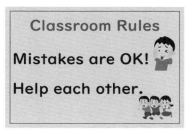

図9-4　クラスルームルール

で、本時や単元を通した学習過程が明確になり、見通しを持った学習につながる。クラスルームルールはその基盤となる学習環境づくりである。「Mistakes are OK!（失敗・間違いOK！）」「Help each other.（お互い助け合う）」のもと、児童の中に英語に対する前向きな姿勢と他者への思いやりの態度を育んでいく。これらは、互いを認め合い、励まし合いながら学習に取り組む協同学習とファシリテーションの理念に基づいたものである。

② Jingle

言語材料の定着のための単語練習である。毎時間の帯活動として5分程度の短時間での活動を継続していくことで、児童は絵や文字の視覚情報を瞬時に英語で音声化できるようになる。教師が提示するフラッシュカードを児童が瞬時に読み上げる反復練習（図9-5左）、2人で1セットのミニカードや教科書の挿絵を使って出題と解答の役割を交互に担うペア練習（図9-5右）など、児童の実態に合わせた様々なバリエーションが考えられる。

図9-5　フラッシュカードの読み上げ（左）とペア練習（右）

第Ⅱ部　外国語教育の実践

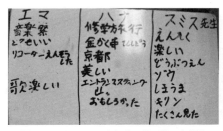

図9-6　ミニホワイトボードに書いた解答　　　図9-7　ペアで学び合い

③ Listen and Do

　まとまった英語表現を理解するためのリスニング活動である。A4サイズのミニホワイトボードと黒マーカーをペアに1セット配り、2人で協力して聞き取った内容を書き込んでいく（図9-6）。音声は必ず複数回繰り返すこととし、その回数は児童の取り組みの様子を見ながら決める。活動の進め方に慣れてきたら、「〇回流します（Please listen ～ times.）」と、回数を限定しても良いだろう。また、あらかじめ「何の行事か」「何月の行事か」等、聞くポイントを示すことで、聞き取る内容についての見通しが持てるようになる。

　この活動のポイントは「ペアで1セットのホワイトボードとマーカーを使うこと」である。リスニング活動というと、教科書やワークシートに鉛筆で書き込んでいく活動が多いが、英語を聞くことと鉛筆で書いたものを消しゴムで消して書き直す作業を同時に行うことはとても難しいものである。消すのに時間がかかると、英語で話された内容を聞き逃してしまう。それが、ホワイトボードだと、指でサッと消して書き直すことができるので、内容の修正やブラッシュアップを簡単に行える。

　また、「ペアで1セット」と学習用具を共有することで、必然的に児童同士の交流が生まれ、主体的・対話的な学びの促進につながる。リスニング活動では、日常的に英語を聞き慣れていないと、一度にすべての内容を聞き取るのは難しいものである。そのため、児童は知っている単語を少しずつ聞き取り、それらをつなぎ合わせて文のまとまりとして理解していく。その過程において、ペアで学習用具を共有し、協同して考える場を設定すると、「何て言ってた？」「〇〇（英語）って、△△（日本語）のことだよね？」などの自然な対話につな

がり，互恵的で良好な関係を育むことにつながる（図9-7）。

④ Chant

リズムに合わせて英語表現を口ずさみ，音節やイントネーションを体得する活動である。ICT機器を使い，映像と音声をセットで扱うことで，文のまとまりとして英語を捉えられるようになる。

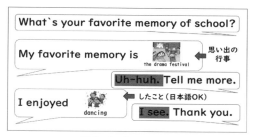

図9-8　Small Talk

教科書に準拠したデジタル教材はスピード調節や字幕の有無を設定できるので，児童の実態に合わせた活動にアレンジすることができる。しかし，扱われている表現が限られているため，電子音や小型打楽器によるリズム伴奏を使って自作のチャンツに取り組むのも良いだろう。

⑤ Small Talk

既習表現を使ったインタラクション活動である。JingleやChantで扱った言語材料を使った即興的なやり取りができるよう，聞き手はオープン・クエスチョンとあいづちを使って会話を深めていく。授業者がテーマを提示し，児童にデモンストレーションを見せた後，ペア活動に取り組む。下記のようにジャンケンをし，勝った方が話し手となって会話を始める。最後まで話し終えたら交代して同様に進め，話し手と聞き手の両方の役割を担う。話し手は自分自身のことを話しても良いし，ロールをかぶって（役になりきって）話してみるのも良いだろう（図9-8）。

⑥ Activity

Small Talkでの表現を使った協同学習である。「修学旅行の思い出ベスト3を当てよう！」という課題のもと，以下のように学習を進める（図9-9のワークシート使用）。

図9-9　ワークシート

第Ⅱ部　外国語教育の実践

①自分の修学旅行の思い出を1つ決める。

②クラスの修学旅行の思い出ベスト3を予想する。

③3人グループになり，修学旅行の思い出について，順番にインタビューする。

> （じゃんけんをし，勝った方がA）
>
> A：What's your favorite memory of school trip?
>
> B：It's *TARAI-BUNE*.
>
> A：Uh-huh. ／ I see.
>
> （AとBを交代）

④班のメンバーと協力し，クラス全員にインタビューする。

⑤結果を集計する。

　まずは活動全体の見通しが持てるよう，進め方について説明する。その際，協同学習を行う上での大切にしたいことや身につけてもらいたいことを伝え，目的意識や相手意識を明確にする。そして，活動の順を追ってスモールステップで進めていく。特に，インタビューの場面はデモンストレーションを示し，児童が安心して活動に参加できるようにする（図9-10）。

　この活動のポイントは「修学旅行の思い出を教材化すること」である。「修学旅行」という共通体験が土台となっているため，全員が同じ立場で考えることができる。しかし，何が一番の思い出かは個々に違い，他の友達がどう感じているかは興味深いものである。それをランキング形式で予想し，インタビュー調査を通して自分の予想と結果を比較する活動を取り入れることで，学習への動機づけとなり，目的意識や相手意識を持った活動につながる。友達の考えを知ることが**他者理解**を促進し，学級集団としての成長にも寄与すると考えられる。

　また，「全員にインタビューする」という課題が友達との協同にもつながりやすい。3人グループで「クラス全員にインタビューする」という共通の目標のもと，役割分担をして個人が責任をもって取り組む（図9-11）。それぞれが自分の役割を果たさなければ，グループ全員が目標を達成できないのである。

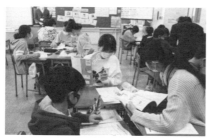

図9－10　3人グループでの活動

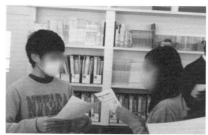

図9－11　クラス全員にインタビュー

これは協同学習の基本的構成要素「グループの目標と個人の責任」に該当し，その達成に向けて「互恵的な協力関係」や「促進的な相互交流」も同時に満たされる。このように，協同学習を取り入れていくことで，グループと個人両方の目標を達成することにつながる。

⑦　Reflection

個人の学習の様子を振り返る。単元の学びを蓄積する振り返りカードを活用し，本時のめあてやクラスルームルール，協同学習とファシリテーションの視点について5段階評価をしたり，学んだことや気づいたことを記述する自由記述欄を設けたりする（図9－12）。

（4）指導のポイント

本単元のパフォーマンス課題は「思い出フォトブック」の発表である。児童はUnit 4から動詞の過去形や感想を伝える表現を学習してきているため，その集大成として，思い出の学校行事をマリア先生（ALT等）に紹介する。第1時のガイダンスで「フォトブック」の見本と学習の流れを提示し，今後の学習内容と目標に見通しが持てるようにする。そして，①学校行事の表現，②思い出の学校行事の尋ね方や答え方，③したことや感想の伝え方とス

1:まったくそう思わない　2:あまりそう思わない　3:少しそう思う　4:そう思う　5:とてもそう思う

/	◎思い出の学校行事ベスト3を予想し，たくさんの友達にたずねたり答えたりすることができる。
今日のめあてをクリアできましたか。	1　2　3　4　5
失敗やまちがいを気にせず，授業に参加できましたか。	1　2　3　4　5
仲間と協力することができましたか。	1　2　3　4　5
仲間のがんばりやいいことをみつけることができましたか。	1　2　3　4　5
グッドリスナーを意識して，話を聞くことができましたか。	1　2　3　4　5
気づいたこと，学んだこと，発見したことを書きましょう。友だちや自分の活動の様子でよかったこと，気づいたことなども書きましょう。	

図9－12　振り返り

第Ⅱ部　外国語教育の実践

モールステップで学習を進め，「できた」「わかった」の成功体験を少しずつ積み重ねていく。

そして，その取り組みを指導者が承認し，児童へフィードバックしていくことが大切である。例えば，授業の冒頭で前時のねらいに迫る記述があった児童の振り返りシートを読み上げたり，児童の学習を見取りながら個別に肯定的な声かけをしたりする。文字や行動などの視覚的な情報を指導者が言語化・音声化し，その様子を価値づけることが児童の学習意欲向上につながる。

また，単元を通して毎時間の活動に Small Talk を取り入れる。"What's your favorite memory of school?" "My favorite memory is ……." の表現を用いて，「質問→答え」という 1 往復のやり取りから始め，あいづちやオープン・クエスチョンを使いながら，徐々に 2 往復，3 往復とやり取りの回数を増やしていけるようにする。はじめは言葉に詰まったり，たどたどしい発音であったりしても，くり返し取り組むことで徐々に即興的なやり取りへとつながっていく。ここで指導者に求められるのは「結果を焦らないこと」である。初めて取り組む活動は，大人でも不安や難しさを感じるものである。だからこそ，教師自らが英語を話すモデルとなり，「失敗・間違い OK！」のルールのもと，安心・安全の雰囲気を醸成していくことが大切である。

学習課題　①　小学校高学年の外国語科の授業内容に関して，第Ⅰ部で学習した理論的な内容がどのように具現化されていたか，話し合ってみよう。
　　　　　②　自分たちが小学校の時に受けてきた外国語の授業との類似点や相違点を話し合ってみよう。

引用・参考文献

Curtain, H., & Pesola, A. B. *Languages and children.* Addison-Wesley, 1988.（伊藤克敏・鶴田公江・久保田信一・渡辺真澄・井手英津子訳『児童外国語教育ハンドブック』大修館書店，1999年。）

第10章

特別支援学級の外国語授業実践

特別支援の知的学級において，児童が外国語活動を楽しみながら学べるアクティビティや授業の構成とはどのようなものか。特別な支援を必要とする児童への外国語教育の実践に関しては，まだまだ十分に行われているとは言えないであろう。本章では，ICT を活用する１つの切り口として，オンラインという環境の中で有効なアクティビティは何かを考えていく。オフラインでの授業時間の確保が難しい特別支援の状況下で，より効果的なオンライン授業を考えていこう。

1　特別支援学校における外国語活動・外国語

学校教育法施行規則の第 8 章特別支援教育の第126条第 1 項において「特別支援学校の小学部の教育課程は，国語，社会，算数，理科，音楽，図画工作，家庭及び体育の各教科，道徳，外国語活動，総合的な学習の時間，特別活動並びに自立活動によつて教育課程を編成するものとする」と規定されている。現行の学習指導要領（2017〈平成29〉年告示）の改訂で，2020年度から小学校 5・6 年生に外国語，3・4 年生では外国語活動が本格実施されたことを受け，**知的障害特別支援学校小学部**においても新たに外国語活動が教育課程に位置づけられることになった。それは，「小学校における外国語教育の充実を踏まえ，小学部において，実態等を考慮の上，外国語に親しんだり，外国の言語や文化について体験的に理解や関心を深めたりするため，教育課程に外国語活動の内容を加えることができるようにすることが適当である」と中央教育審議会から答申されたことをふまえたものである（中央教育審議会，2016：14）。

社会の急速なグローバル化の進展により，知的障害のある児童においても，

第Ⅱ部　外国語教育の実践

日常生活の中で外国の言語や文化に触れる機会が増えている。また，**通常学級**，**特別支援学級**，**特別支援学校**の間での教育課程の連続性を考慮に入れることにより，特別支援学校における知的障害のある児童に対する外国語学習の必要性が高まってきている（晋川・高野，2020）。実際，現行の『特別支援学校幼稚部教育要領　小学部・中学部学習指導要領』（文部科学省，2018a：76）は，「知的障害者である児童に対する教育を行う特別支援学校の小学部に就学する児童のうち，小学部の3段階に示す各教科又は外国語活動の内容を習得し目標を達成している者については，小学校学習指導要領第2章に示す各教科及び第4章に示す外国語活動の目標及び内容の一部を取り入れることができるものとする」と述べている。

『特別支援学校教育要領・学習指導要領解説　総則編』（文部科学省，2018c）によると，知的障害者である児童に対する教育を行う特別支援学校の外国語活動の目標は，以下のようになっている。

目　標

　外国語によるコミュニケーションにおける見方・考え方を働かせ，外国語や外国の文化に触れることを通して，コミュニケーションを図る素地となる資質・能力を次のとおり育成することを目指す。

(1)外国語を用いた体験的な活動を通して，日本語と外国語の音声の違いなどに気付き，外国語の音声に慣れ親しむようにする。

(2)身近で簡単な事柄について，外国語に触れ，自分の気持ちを伝え合う力の素地を養う。

(3)外国語を通して，外国の文化などに触れながら，言語への関心を高め，進んでコミュニケーションを図ろうとする態度を養う。

　小学部の外国語活動の目標は，「コミュニケーションを図る素地となる資質・能力」を育成することであり，「外国語や外国の文化に触れることを通して」行うこととしている。これは，「児童の障害の状態によっては聞くこと，話すことの言語活動が困難である場合もあるため，外国語や外国の文化に触れることを通して育成するという視点が大切であり，音声によらない言語活動などの工夫をする必要性を示したものである」（文部科学省，2018b：529）。児童一

第 10 章 特別支援学級の外国語授業実践

人ひとりの状態に合わせて指導する工夫が大切である。

(1)は，外国語活動における「知識及び技能」として，(2)は「思考力，判断力，表現力等」として，そして(3)は「学びに向かう力，人間性等」として掲げたものである。児童が好きな歌やダンス，あるいはすでに遊び方やルールを知っている簡単なゲームややり取りなどの体験を通して，外国語の音声に十分に触れるような工夫や配慮が必要である。また，身の回りの物，学校や家庭での出来事，身近な日常生活で起こること，あるいは学校の友達や先生などのことを簡単な語で表すことも重要である。

知的障害のある児童は，コミュニケーションによって構築される人間関係あるいはコミュニケーションそのものの困難さが，学習上または生活上の困難さにつながっていることも多く，学習における成功体験やその自覚が少ない。したがって，易しい言語活動から徐々に導入したり，児童それぞれの発話の状態に合わせた自己表現の方法を工夫することが，「主体的に学習に取り組む態度」を養うことを目指した指導には大切である。

しかしながら，笠原（2018）によると，外国語の学習では，言語活動として，内容の理解および考えや気持ちを伝える活動を行うため，知的障害や重度・重複障害のある者はほとんど外国語を学ぶ機会がないのが現状のようである。なぜなら，外国語の学習は，認知力・理解力の面で非常に高次の学習として位置づけられていると思われているためであり，個々の障害の実態を考慮すると，外国語活動が自立活動などに替えられてしまうからである（笠原，2018）。

実際，障害のある児童に対する外国語（英語）活動については，特別支援学級での取り組みを中心に，研究報告がいくつか見られる程度である。例えば，現行の学習指導要領の実施前の実践になるが，伊藤・小林（2011）では，知的障害のある児童に，身近なもの，具体的に見えるもの，簡単にイメージできるようなもの，食べ物，数などの単語，簡単な挨拶の表現，大文字，小文字，歌やチャンツなどが知的障害特別支援学級の授業内容として扱われている。また，自立活動の時間の中で，他の活動の要素として外国語（英語）活動の取り組みも報告されている（久保他，2012；塚田他，2013；松岡・中山，2014）。

このような状況をふまえて，以下では，コロナ禍においてオンラインを用い

193

第Ⅱ部　外国語教育の実践

た特別支援学級での授業実践を紹介する。コロナ禍を経て，ポストコロナ時代の現在では，多くの学校でオンラインを利用した交流学習を行っている。ALTの支援などもあまり受けられない特別支援学級での外国語活動において，母国で英語教師を務めている日本政府（文部科学省）奨学金留学生としての教員研修留学生と日本人英語教師によるオンラインでのティーム・ティーチングの実践は，今後の特別支援学級での実践への可能性を示しているだろう。

2　オンラインによる授業実践

（1）授業の背景

　2020年度は新型コロナ感染症による休校や感染症対策により様々な学習状況の変更を余儀なくされた。校内のICT環境としては2019年に電子黒板が2台設置された。しかし，まだオンラインに対応する準備はなされていない状況であった。今回のオンライン外国語学習を進めるにあたり，まず市の教育委員会に了解をとり，担任のタブレットで第1回目の授業を行った。その様子を実際に見てもらうことがZoomの設定，Webカメラの購入につながっていった。2021年には電子黒板用のパソコンや授業用のタブレット（2台）にZoom設定がなされ，委員会研修や会議などが行われるようになっていった。

　後述の実践においては，以下の4つの実践の可能性があるだろう。

- 遠隔地をつないだ学習を行うことができるというオンライン授業の可能性
- ネイティブライクな外国人教師の発音に触れる機会を得る手段としてのオンライン活用の可能性
- オンラインで可能な外国語活動の授業
- 校内のICT環境の推進の可能性

他にも特別支援学級在籍児童の持つコミュニケーション経験や各自の発達の課題などへのアプローチも期待できると考える。

　さらに，校内研究のテーマと関連させ，学級経営・授業づくりにおいてファシリテーション技術の1つである**ホワイトボード・ミーティング**®の考え方を取り入れている（第7章参照）。児童同士の関わりづくりや相互承認の方法とし

第 10 章　特別支援学級の外国語授業実践

て日常的に取り入れている。オンラインの外国語学習においてもミニホワイトボードを使った交流は効果があるだろう。

（2）授業について

　知的学級のカリキュラムは特別支援学校に準ずるカリキュラムで編成することが可能である。実践は山形県A市のB小学校で行われた。対象となった特別支援学級の在籍児童は1年，2年，4年および6年各1名の4名である。4年生と6年生は，これまで交流学級でALTの授業を受けていた。A市には，12校の小学校に4名のALTが配置され（実践当時），B小学校には週1回4時間の授業という枠組みで指導を行っていた。3年生から6年生まで単一学級であるため，各学年1時間の授業を行うと枠はすべて埋まってしまう現状であった。特別支援学級の児童は**交流学級**（該当学年）と一緒に参加することになる。しかし，知的学級に在籍の児童は支援がつかないと活動の参加も難しい状況である。現学習指導要領の中で4年生は外国語活動，6年生は教科の中に外国語として，特別支援学校教育要領の中にも外国語活動は位置づけられている。その中でネイティブの発音に触れ，児童が外国語の学習を行うためには，外部からのアプローチが必要な状況であった。

（3）本時の展開

① 　ねらい

　外国語（英語）の音に親しみ，アクティビティを通してコミュニケーションの楽しさを体験する。

② 　指導者

　担任，オンライン外部講師（教員研修留学生と大学教員），支援員

③ 　計画

　第1回目：色の単語（時間は30分）

【1時間の流れ】

1	挨拶	
2	単語のレクチャー	絵本，単語カード

195

第Ⅱ部　外国語教育の実践

3	アクティビティ	(例) 1　色の指定をする。 2　指定された色のものを探し，見せる。 　児童：Hi, ○○. It's red. 　教師：Yes. That's right. It's a red pen. 　児童：A red pen. 3　自分で探してきて色を伝える。 ※学習内容に応じて変更する。
4	振り返り	

　形，数などと身近な物の言い方を組み合わせながら学習を進める。オンラインの特性を生かし，条件に合うものを探したり書いたりして画面に見えるようにする。児童の特性を考え，扱う単語の種類やアクティビティの内容の変化はあるが，全体の流れは毎時間同じように構成する。以下のように，1年間で，7回の授業を設定した。

【全7回の授業内容】

	学習内容	主な単語
1	①絵本を使った色のレクチャー。 ②実物を持ってきて見せる。	色 ： red, yellow, green, white, blue, pink, orange
2	①色の復習。 ②形のレクチャー。 ③実物を持ってきて見せる。	形 ： square, rectangle, circle, triangle
3	①色の復習 ②食べ物カードを用いて食べ物のレクチャー。 ③指示された色の食べ物のカードを選ぶ。 ④自分の好きな食べ物をホワイトボードに書いて紹介する。	食べ物：strawberry, lemon, bananas, potato, carrot, peach, tomato, grape, green pepper, cucumber, onion
4	①これまで学習した言葉の復習。 ②指示された条件に合うものを選んで見せる。 　最初は色，形など1条件，後半は複数条件。 　後半はホワイトボードを使用（数と食べ物）。 ③感想をホワイトボードに書く。	
5	①言葉の復習とレクチャー（数，形）。 ②指示された形をホワイトボードに書く。	数：10まで

196

第 10 章　特別支援学級の外国語授業実践

6	①形と色の復習。 ②指示された形を見て発音。 ③同じように描く。	Christmas Special Lesson
7	①言葉の復習（数，形，色，形）。 ②指示された形をホワイトボードに書く。 ④新しい言葉のレクチャー。 ⑤指示に合わせて動く。	eye, head, ear, nose, mouth, knee, feet, hands, finger, tap, walk, jump

（4）各活動の解説
①　第1回【色】

はじめは緊張していた児童だが，自己紹介が終わり，絵本を使った色のレクチャーが始まると，だんだん緊張がほぐれてきたようであった。指定された色の物を探してきてカメラ越しに見せるところでは，指導者が予想しなかった物まで持ってきて，"It's green!!" などと話していた（図10-1）。今回の狙いの1つである「とにかく発音をする」ことはクリアできた。しかし，当初，考えていたような文構造に沿った会話のやり取りは，事前の練習がないとなかなか難しいと感じた。

途中から授業に参加した2名も，カメラに向かって自己紹介をし，活動に参加することができた。いつもの教室で授業を受けるといった自分の周りの環境が変わらないということは，オンラインという方法が緊張感を和らげることに役立っているのかもしれない。

改善点は個人のタブレットをテレビに接続しているため，アクティビティになるとどうしてもタブレットの前で見せることになる。実際に見える画面が小さいため，距離感がつかめないことである。機材の設定を再度確認し，画面越しの交流が効果的になる工夫を行う必要がある。

②　第2回【形】
電子黒板とWEBカメラの設置によ

図10-1　指定された色の物を指名している様子

第Ⅱ部　外国語教育の実践

図10-2　指定された形の物を指名している様子　　図10-3　ミニホワイトボードを用いた活動

り大画面で学習することができるようになった。前回の内容の復習から入ったが，色は児童たちの中で定着していることがわかった。発音が難しい形は担任に聞きながらも，三角，丸，四角，長方形を探せば良いことは理解できていた。色の時と同様に，教室の中にある形を探してきて発音することがメインの活動であった（図10-2）。

　Triangle の発音が一番難しそうだった。オンラインでマスク着用のこともあり，なかなか聞きとれないのかもしれない。担任が個別に支援することで，一応の発音は習得できた。後半はあわせて色を聞かれることもあったが，正しく答えることができていた。画面越しに指示された形のものを見せていく中で，正方形と長方形，丸と長方形など1つの箱の面を変えて"and"でつないで話すような外国人教師の問いかけで，児童たちは自然に"square and circle"などというように発音する活動につながっていった。わかりやすいモデルがあることは通常の学習指導でも共通するが，支援学級においては重要なポイントになる。

③　第3回【食べ物】

　3回目になり，Zoomの画面に子どもたちも慣れてきた。今回は食べ物のカードを準備した。アクティビティのやり方は大きく変えていないため，子どもたちはすぐに慣れることができた。

　児童は，必ず必要な単語を話すようにしているが，外部講師が聞き取れない時はもう一度促すようにした。外部講師の2名からの"Good Job!"の言葉は児童たちにとって嬉しい励ましの言葉になっている。言われるたびに笑顔で担

任に「Good job って言われた」と話しに来た。

　今回，朝の読み聞かせで食べ物に関係する絵本の読み聞かせ行った。その後，「好きな食べ物というと？」という問い立てに対する答えをホワイトボードに書いた（図10-3）。授業の最後に外部講師の2名に自分の好きな食べ物を教えることになった。各自ホワイトボードを持って行き，自分の好きな物について話をする時間を設定した。次回以降ホワイトボードを活用した授業も取り入れることで，アクティビティが広がるのではと考えた。

④　第4回と第5回【ミニホワイトボードを入れた活動】

　これまでは具体物を持ってきて提示するアクティビティを行っていた。オンラインに慣れてきたこともあり，ホワイトボードに書く活動を取り入れた。形（shape）と食べ物（food）を問題として出すようにした。これまでは動いて実物を持ってくる活動を行っていたが，聞いて書く，ホワイトボードを活用する学習内容を取り入れた。こちらが予想したように，普段からホワイトボードは使用しているので抵抗はなかった。長方形と正方形は絵本の提示があったことで，リスニングだけの不安は解消された。それぞれイメージするトラックを書いたり，たくさんの大小様々な正方形を書いたりしていた。正方形を書こうとしたら長方形になってしまった児童は，真ん中に線を引き，正方形2つにし，「双子スクエア」と言っていた。数と食べ物は時間がかかったが，楽しんで書いていた。個々で書いたものを画面の前に行って見てもらっていた。**ミニホワイトボードの活用は，オンライン上でも全員が表現する時間をつくることができることから有効である**。また，アクティビティだけでなく，最後の**振り返り**（感想やメッセージ）を伝える方法としても活用できた。

⑤　第6回【形と色（Christmas Special Lesson）】

　第6回は，クリスマスが近いこともあり，外部講師の特別レッスンになった。緑の三角，茶色の長方形，赤や青の丸が1つずつ切り取られた画用紙を出し，色と形を答えながら絵を仕上げていった。その後ホワイトボードに外部講師が話をする順番に書いていくことで聴いて書く活動に発展することができた。

⑥　第7回【形，色および果物の復習と動き】

　復習はこれまで行ってきたようにホワイトボードに指示されたものを書いて

第Ⅱ部　外国語教育の実践

図10-4　聞いた単語を描く　　図10-5　マグネット教材を使った形の確認

画面越しに見せた。事前に一度学級で復習を行ったが，児童たちは単語を記憶できていた。数と食べ物の問題の時，"Two bananas."に対してバナナを2本描く児童は1名で，他の3名はバナナを2房描いていた（図10-4）。児童の認識と経験からくる認知の問題が絡んでいると考えられる。後半は触る，座る，歩く，立つ，跳ねるなどの動詞と，頭，耳，口，鼻などの言葉を組み合わせて動く活動を行った。オンラインゆえのタイムラグは生じるが，アクティビティとして有効であった。初めて出てくる単語はマスクを外し口の動きを見ることができたことも，音の認識の上で効果的である。最後に外部講師へのメッセージをボードに書き1人ずつ大きく映して伝えた。

　最後の回でサポートしてくれた支援員の先生にお願いし，その後2回授業を行い，算数の形の学習と合わせてマグネットで形づくりをした（図10-5）。"Two square." "Red circle." など，形を見ると子どもたちが英語で話していた。

（5）指導のポイント
　7回の実践を通して指導のポイントとして挙げることは次の点になるだろう。
　①毎時間の流れをパターン化する。
　②アクティビティを入れる。
　③身のまわりにあるわかりやすい単語を選ぶ。
　オンラインにおけるタイムラグや画面への見え方，音の聞こえ方など配慮や

確認が必要な点を明確にし，工夫してきた。ホワイトボードを用いたり，実物を見せるアクティビティを取り入れたりすることで児童の活動が増え，楽しく学習できた。

この実践を通して，普段はほとんどできない生の英語の音声に触れることができたことは，子どもたちにとって良い経験になった。また，活動のパターンとステップを固定したことも，活動がスムーズに進むことにつながった。ファシリテーション（ホワイトボード・ミーティング®）を用いたこれらの活動は，特別支援学級の児童に効果的であり，今後も継続し，発展させていく必要があるだろう。

学習課題　① 特別支援学級における効果的な単元の構成を考えてみよう。
　　　　　　　② オンライン学習における効果的なアクティビティとは何かを話し合ってみよう。

引用・参考文献

伊藤嘉一・小林省三編著『「特別支援英語活動」のすすめ方』図書文化社，2011年。

笠原友生「重度・重複障害のある生徒に対する英語教材の工夫――共生社会を目指す指導における通常教材へのアクセス」『教育実践研究』（上越教育大学）第28集，2018年，211～216頁。

久保稔・金森強・中山晃「ICT を利用した特別支援学級における英語活動」『JES Journal』第12巻，2012年，4～18頁。

晋川真由美・高野美由紀「A県知的障害特別支援学校小学部における英語活動の現状と課題――指導者の意識に注目して」『兵庫教育大学学校教育学研究』第33巻，2020年，47～54頁。

塚田初美・吉田広毅・中山晃「ソーシャルスキル・トレーニング（SST）を導入した特別支援学級での英語活動」『JES Journal』第13巻，2013年，4～18頁。

松岡美幸・中山晃「特別支援学級と交流学習での英語活動の試み」『JES Journal』第14巻，2014年，36～49頁。

文部科学省『特別支援学校　幼稚部教育要領　小学部・中学部学習指導要領（平成29年4月告示）』2018年a。

文部科学省『特別支援学校学習指導要領解説　各教科編（小学部・中学部）』2018年b。

文部科学省『特別支援学校教育要領・学習指導要領解説 総則編（幼稚部・小学部・中学

第Ⅱ部　外国語教育の実践

　　部）』2018年c。

中央教育審議会「幼稚園，小学校，中学校，高等学校及び特別支援学校の学習指導要領等の
　　改善及び必要な方策等について（答申）」2016年。https://www.mext.go.jp/b_menu/
　　shingi/chukyo/chukyo0/toushin/__icsFiles/afieldfile/2017/01/10/1380902_0.pdf

付　録

小学校学習指導要領（平成29年告示）（抜粋）……………… 205

外国語活動・外国語の目標の学校段階別一覧表……………… 213

付　録

小学校学習指導要領（平成29年告示）（抜粋）

（平成29年3月告示）

第2章　各教科
第10節　外国語

第1　目　標

外国語によるコミュニケーションにおける見方・考え方を働かせ，外国語による聞くこと，読むこと，話すこと，書くことの言語活動を通して，コミュニケーションを図る基礎となる資質・能力を次のとおり育成することを目指す。

(1)　外国語の音声や文字，語彙，表現，文構造，言語の働きなどについて，日本語と外国語との違いに気付き，これらの知識を理解するとともに，読むこと，書くことに慣れ親しみ，聞くこと，読むこと，話すこと，書くことによる実際のコミュニケーションにおいて活用できる基礎的な技能を身に付けるようにする。

(2)　コミュニケーションを行う目的や場面，状況などに応じて，身近で簡単な事柄について，聞いたり話したりするとともに，音声で十分に慣れ親しんだ外国語の語彙や基本的な表現を推測しながら読んだり，語順を意識しながら書いたりして，自分の考えや気持ちなどを伝え合うことができる基礎的な力を養う。

(3)　外国語の背景にある文化に対する理解を深め，他者に配慮しながら，主体的に外国語を用いてコミュニケーションを図ろうとする態度を養う。

第2　各言語の目標及び内容等

英　語

1　目　標

英語学習の特質を踏まえ，以下に示す，聞くこと，読むこと，話すこと［やり取り］，話すこと［発表］，書くことの五つの領域別に設定する目標の実現を目指した指導を通して，第1の(1)及び(2)に示す資質・能力を一体的に育成するとともに，その過程を通して，第1の(3)に示す資質・能力を育成する。

(1)　聞くこと

ア　ゆっくりはっきりと話されれば，自分のこ

とや身近で簡単な事柄について，簡単な語句や基本的な表現を聞き取ることができるようにする。

イ　ゆっくりはっきりと話されれば，日常生活に関する身近で簡単な事柄について，具体的な情報を聞き取ることができるようにする。

ウ　ゆっくりはっきりと話されれば，日常生活に関する身近で簡単な事柄について，短い話の概要を捉えることができるようにする。

(2)　読むこと

ア　活字体で書かれた文字を識別し，その読み方を発音することができるようにする。

イ　音声で十分に慣れ親しんだ簡単な語句や基本的な表現の意味が分かるようにする。

(3)　話すこと［やり取り］

ア　基本的な表現を用いて指示，依頼をしたり，それらに応じたりすることができるようにする。

イ　日常生活に関する身近で簡単な事柄について，自分の考えや気持ちなどを，簡単な語句や基本的な表現を用いて伝え合うことができるようにする。

ウ　自分や相手のこと及び身の回りの物に関する事柄について，簡単な語句や基本的な表現を用いてその場で質問をしたり質問に答えたりして，伝え合うことができるようにする。

(4)　話すこと［発表］

ア　日常生活に関する身近で簡単な事柄について，簡単な語句や基本的な表現を用いて話すことができるようにする。

イ　自分のことについて，伝えようとする内容を整理した上で，簡単な語句や基本的な表現を用いて話すことができるようにする。

ウ　身近で簡単な事柄について，伝えようとする内容を整理した上で，自分の考えや気持ちなどを，簡単な語句や基本的な表現を用いて話すことができるようにする。

(5)　書くこと

ア　大文字，小文字を活字体で書くことができるようにする。また，語順を意識しながら音声で十分に慣れ親しんだ簡単な語句や基本的な表現を書き写すことができるようにする。

イ　自分のことや身近で簡単な事柄について，

205

例文を参考に，音声で十分に慣れ親しんだ簡
単な語句や基本的な表現を用いて書くことが
できるようにする。

2　内　容
〔第5学年及び第6学年〕
〔知識及び技能〕
(1)　英語の特徴やきまりに関する事項
　　実際に英語を用いた言語活動を通して，次に
示す言語材料のうち，1に示す五つの領域別の
目標を達成するのにふさわしいものについて理
解するとともに，言語材料と言語活動とを効果
的に関連付け，実際のコミュニケーションにお
いて活用できる技能を身に付けることができる
よう指導する。
ア　音声
　　次に示す事項のうち基本的な語や句，文につ
いて取り扱うこと。
　　(ア)　現代の標準的な発音
　　(イ)　語と語の連結による音の変化
　　(ウ)　語や句，文における基本的な強勢
　　(エ)　文における基本的なイントネーション
　　(オ)　文における基本的な区切り
イ　文字及び符号
　　(ア)　活字体の大文字，小文字
　　(イ)　終止符や疑問符，コンマなどの基本的な
　　　　符号
ウ　語，連語及び慣用表現
　　(ア)　1に示す五つの領域別の目標を達成する
　　　　ために必要となる，第3学年及び第4学年
　　　　において第4章外国語活動を履修する際に
　　　　取り扱った語を含む600〜700語程度の語
　　(イ)　連語のうち，get up，look at などの活
　　　　用頻度の高い基本的なもの
　　(ウ)　慣用表現のうち，excuse me，I see，
　　　　I'm sorry，thank you，you're welcome な
　　　　どの活用頻度の高い基本的なもの
エ　文及び文構造
　　次に示す事項について，日本語と英語の語順
の違い等に気付かせるとともに，基本的な表現
として，意味のある文脈でのコミュニケーショ
ンの中で繰り返し触れることを通して活用する
こと。
　　(ア)　文

a　単文
b　肯定，否定の平叙文
c　肯定，否定の命令文
d　疑問文のうち，be 動詞で始まるもの
　　や助動詞（can，do など）で始まるもの，
　　疑問詞（who，what，when，where，
　　why，how）で始まるもの
e　代名詞のうち，I，you，he，she など
　　の基本的なものを含むもの
f　動名詞や過去形のうち，活用頻度の高
　　い基本的なものを含むもの
　　(イ)　文構造
a　［主語＋動詞］
b　［主語＋動詞＋補語］のうち，

$$主語 + be 動詞 + \left\{ \begin{array}{l} 名詞 \\ 代名詞 \\ 形容詞 \end{array} \right\}$$

c　［主語＋動詞＋目的語］のうち，

$$主語 + 動詞 + \left\{ \begin{array}{l} 名詞 \\ 代名詞 \end{array} \right\}$$

〔思考力，判断力，表現力等〕
(2)　情報を整理しながら考えなどを形成し，英
語で表現したり，伝え合ったりすることに関す
る事項
　　具体的な課題等を設定し，コミュニケーショ
ンを行う目的や場面，状況などに応じて，情報
を整理しながら考えなどを形成し，これらを表
現することを通して，次の事項を身に付けるこ
とができるよう指導する。
ア　身近で簡単な事柄について，伝えようとす
　　る内容を整理した上で，簡単な語句や基本的
　　な表現を用いて，自分の考えや気持などを
　　伝え合うこと。
イ　身近で簡単な事柄について，音声で十分に
　　慣れ親しんだ簡単な語句や基本的な表現を推
　　測しながら読んだり，語順を意識しながら書
　　いたりすること。
(3)　言語活動及び言語の働きに関する事項
①　言語活動に関する事項
　　(2)に示す事項については，(1)に示す事項を活
用して，例えば，次のような言語活動を通して
指導する。

206

ア　聞くこと
　　(ア)　自分のことや学校生活など，身近で簡単
　　　な事柄について，簡単な語句や基本的な表
　　　現を聞いて，それらを表すイラストや写真
　　　などと結び付ける活動。
　　(イ)　日付や時刻，値段などを表す表現など，
　　　日常生活に関する身近で簡単な事柄につい
　　　て，具体的な情報を聞き取る活動。
　　(ウ)　友達や家族，学校生活など，身近で簡単
　　　な事柄について，簡単な語句や基本的な表
　　　現で話される短い会話や説明を，イラスト
　　　や写真などを参考にしながら聞いて，必要
　　　な情報を得る活動。
イ　読むこと
　　(ア)　活字体で書かれた文字を見て，どの文字
　　　であるかやその文字が大文字であるか小文
　　　字であるかを識別する活動。
　　(イ)　活字体で書かれた文字を見て，その読み
　　　方を適切に発音する活動。
　　(ウ)　日常生活に関する身近で簡単な事柄を内
　　　容とする掲示やパンフレットなどから，自
　　　分が必要とする情報を得る活動。
　　(エ)　音声で十分に慣れ親しんだ簡単な語句や
　　　基本的な表現を，絵本などの中から識別す
　　　る活動。
ウ　話すこと［やり取り］
　　(ア)　初対面の人や知り合いと挨拶を交わした
　　　り，相手に指示や依頼をして，それらに応
　　　じたり断ったりする活動。
　　(イ)　日常生活に関する身近で簡単な事柄につ
　　　いて，自分の考えや気持ちなどを伝えたり，
　　　簡単な質問をしたり質問に答えたりして伝
　　　え合う活動。
　　(ウ)　自分に関する簡単な質問に対してその場
　　　で答えたり，相手に関する簡単な質問をそ
　　　の場でしたりして，短い会話をする活動。
エ　話すこと［発表］
　　(ア)　時刻や日時，場所など，日常生活に関す
　　　る身近で簡単な事柄を話す活動。
　　(イ)　簡単な語句や基本的な表現を用いて，自
　　　分の趣味や得意なことなどを含めた自己紹
　　　介をする活動。
　　(ウ)　簡単な語句や基本的な表現を用いて，学

校生活や地域に関することなど，身近で簡
単な事柄について，自分の考えや気持ちな
どを話す活動。
オ　書くこと
　　(ア)　文字の読み方が発音されるのを聞いて，
　　　活字体の大文字，小文字を書く活動。
　　(イ)　相手に伝えるなどの目的をもって，身近
　　　で簡単な事柄について，音声で十分に慣れ
　　　親しんだ簡単な語句を書き写す活動。
　　(ウ)　相手に伝えるなどの目的をもって，語と
　　　語の区切りに注意して，身近で簡単な事柄
　　　について，音声で十分に慣れ親しんだ基本
　　　的な表現を書き写す活動。
　　(エ)　相手に伝えるなどの目的を持って，名前
　　　や年齢，趣味，好き嫌いなど，自分に関す
　　　る簡単な事柄について，音声で十分に慣れ
　　　親しんだ簡単な語句や基本的な表現を用い
　　　た例の中から言葉を選んで書く活動。
②　言語の働きに関する事項
　　言語活動を行うに当たり，主として次に示す
ような言語の使用場面や言語の働きを取り上げ
るようにする。
ア　言語の使用場面の例
　　(ア)　児童の身近な暮らしに関わる場面
　　　　・家庭での生活　・学校での学習や活動
　　　　・地域の行事　など
　　(イ)　特有の表現がよく使われる場面
　　　　・挨拶　・自己紹介　・買物
　　　　・食事　・道案内　・旅行　など
イ　言語の働きの例
　　(ア)　コミュニケーションを円滑にする
　　　　・挨拶をする　・呼び掛ける　・相づちを
　　　　打つ
　　　　・聞き直す　・繰り返す　など
　　(イ)　気持ちを伝える
　　　　・礼を言う　・褒める　・謝る　など
　　(ウ)　事実・情報を伝える
　　　　・説明する　・報告する　・発表する
　　　　など
　　(エ)　考えや意図を伝える
　　　　・申し出る　・意見を言う　・賛成する
　　　　・承諾する　・断る　など
　　(オ)　相手の行動を促す

・質問する　・依頼する　・命令する　など

3　指導計画の作成と内容の取扱い

(1)　指導計画の作成に当たっては，第3学年及び第4学年並びに中学校及び高等学校における指導との接続に留意しながら，次の事項に配慮するものとする。

ア　単元など内容や時間のまとまりを見通して，その中で育む資質・能力の育成に向けて，児童の主体的・対話的で深い学びの実現を図るようにすること。その際，具体的な課題等を設定し，児童が外国語によるコミュニケーションにおける見方・考え方を働かせながら，コミュニケーションの目的や場面，状況などを意識して活動を行い，英語の音声や語彙，表現などの知識を，五つの領域における実際のコミュニケーションにおいて活用する学習の充実を図ること。

イ　学年ごとの目標を適切に定め，2学年間を通じて外国語科の目標の実現を図るようにすること。

ウ　実際に英語を使用して互いの考えや気持ちを伝え合うなどの言語活動を行う際は，2の(1)に示す言語材料について理解したり練習したりするための指導を必要に応じて行うこと。また，第3学年及び第4学年において第4章外国語活動を履修する際に扱った簡単な語句や基本的な表現などの学習内容を繰り返し指導し定着を図ること。

エ　児童が英語に多く触れることが期待される英語学習の特質を踏まえ，必要に応じて，特定の事項を取り上げて第1章総則の第2の3の(2)のウの(イ)に掲げる指導を行うことにより，指導の効果を高めるよう工夫すること。このような指導を行う場合には，当該指導のねらいやそれを関連付けて指導を行う事項との関係を明確にするとともに，単元など内容や時間のまとまりを見通して資質・能力が偏りなく育成されるよう計画的に指導すること。

オ　言語活動で扱う題材は，児童の興味・関心に合ったものとし，国語科や音楽科，図画工作科など，他の教科等で児童が学習したことを活用したり，学校行事で扱う内容と関連付

けたりするなどの工夫をすること。

カ　障害のある児童などについては，学習活動を行う場合に生じる困難さに応じた指導内容や指導方法の工夫を計画的，組織的に行うこと。

キ　学級担任の教師又は外国語を担当する教師が指導計画を作成し，授業を実施するに当たっては，ネイティブ・スピーカーや英語が堪能な地域人材などの協力を得る等，指導体制の充実を図るとともに，指導方法の工夫を行うこと。

(2)　2の内容の取扱いについては，次の事項に配慮するものとする。

ア　2の(1)に示す言語材料については，平易なものから難しいものへと段階的に指導すること。また，児童の発達の段階に応じて，聞いたり読んだりすることを通して意味を理解できるように指導すべき事項と，話したり書いたりして表現できるように指導すべき事項とがあることに留意すること。

イ　音声指導に当たっては，日本語との違いに留意しながら，発音練習などを通して2の(1)のアに示す言語材料を指導すること。また，音声と文字とを関連付けて指導すること。

ウ　文や文構造の指導に当たっては，次の事項に留意すること。

(ア)　児童が日本語と英語との語順等の違いや，関連のある文や文構造のまとまりを認識できるようにするために，効果的な指導ができるよう工夫すること。

(イ)　文法の用語や用法の指導に偏ることがないよう配慮して，言語活動と効果的に関連付けて指導すること。

エ　身近で簡単な事柄について，友達に質問をしたり質問に答えたりする力を育成するため，ペア・ワーク，グループ・ワークなどの学習形態について適宜工夫すること。その際，他者とコミュニケーションを行うことに課題がある児童については，個々の児童の特性に応じて指導内容や指導方法を工夫すること。

オ　児童が身に付けるべき資質・能力や児童の実態，教材の内容などに応じて，視聴覚教材やコンピュータ，情報通信ネットワーク，教

付　　録

育機器などを有効活用し，児童の興味・関心
をより高め，指導の効率化や言語活動の更な
る充実を図るようにすること。
カ　各単元や各時間の指導に当たっては　コ
ミュニケーションを行う目的，場面，状況な
どを明確に設定し，言語活動を通して育成す
べき資質・能力を明確に示すことにより，児
童が学習の見通しを立てたり，振り返ったり
することができるようにすること。
(3)　教材については，次の事項に留意するもの
とする。
ア　教材は，聞くこと，読むこと，話すこと
［やり取り］，話すこと［発表］，書くことな
どのコミュニケーションを図る基礎となる資
質・能力を総合的に育成するため，1に示す
五つの領域別の目標と2に示す内容との関係
について，単元など内容や時間のまとまりご
とに各教材の中で明確に示すとともに，実際
の言語の使用場面や言語の働きに十分配慮し
た題材を取り上げること。
イ　英語を使用している人々を中心とする世界
の人々や日本人の日常生活，風俗習慣，物語，
地理，歴史，伝統文化，自然などに関するも
のの中から，児童の発達の段階や興味・関心
に即して適切な題材を変化をもたせて取り上
げるものとし，次の観点に配慮すること。
(ア)　多様な考え方に対する理解を深めさせ，
公正な判断力を養い豊かな心情を育てるこ
とに役立つこと。
(イ)　我が国の文化や，英語の背景にある文化
に対する関心を高め，理解を深めようとす
る態度を養うことに役立つこと。
(ウ)　広い視野から国際理解を深め，国際社会
と向き合うことが求められている我が国の
一員としての自覚を高めるとともに，国際
協調の精神を養うことに役立つこと。
その他の外国語
その他の外国語については，英語の1に示す
五つの領域別の目標，2に示す内容及び3に示
す指導計画の作成と内容の取扱いに準じて指導
を行うものとする。
第3　指導計画の作成と内容の取扱い
1　外国語科においては，英語を履修させるこ

とを原則とすること。
2　第1章総則の第1の2の(2)に示す道徳教育
の目標に基づき，道徳科などとの関連を考慮
しながら　第3章特別の教科道徳の第2に示
す内容について，外国語科の特質に応じて適
切な指導をすること。

第4章　外国語活動

第1　目　標

外国語によるコミュニケーションにおける見
方・考え方を働かせ，外国語による聞くこと，
話すことの言語活動を通して，コミュニケー
ションを図る素地となる資質・能力を次のとお
り育成することを目指す。
(1)　外国語を通して，言語や文化について体験
的に理解を深め，日本語と外国語との音声の
違い等に気付くとともに，外国語の音声や基
本的な表現に慣れ親しむようにする。
(2)　身近で簡単な事柄について，外国語で聞い
たり話したりして自分の考えや気持ちなどを
伝え合う力の素地を養う。
(3)　外国語を通して，言語やその背景にある文
化に対する理解を深め，相手に配慮しながら，
主体的に外国語を用いてコミュニケーション
を図ろうとする態度を養う。

第2　各言語の目標及び内容等

英　語

1　目　標

英語学習の特質を踏まえ，以下に示す，聞く
こと，話すこと［やり取り］，話すこと［発表］
の三つの領域別に設定する目標の実現を目指し
た指導を通して，第1の(1)及び(2)に示す資質・
能力を一体的に育成するとともに，その過程を
通して，第1の(3)に示す資質・能力を育成する。
(1)　聞くこと
ア　ゆっくりはっきりと話された際に，自分の
ことや身の回りの物を表す簡単な語句を聞き
取るようにする。
イ　ゆっくりはっきりと話された際に，身近で
簡単な事柄に関する基本的な表現の意味が分
かるようにする。
ウ　文字の読み方が発音されるのを聞いた際に，
どの文字であるかが分かるようにする。

(2) 話すこと［やり取り］

ア　基本的な表現を用いて挨拶，感謝，簡単な指示をしたり，それらに応じたりするようにする。

イ　自分のことや身の回りの物について，動作を交えながら，自分の考えや気持ちなどを，簡単な語句や基本的な表現を用いて伝え合うようにする。

ウ　サポートを受けて，自分や相手のこと及び身の回りの物に関する事柄について，簡単な語句や基本的な表現を用いて質問をしたり質問に答えたりするようにする。

(3) 話すこと［発表］

ア　身の回りの物について，人前で実物などを見せながら，簡単な語句や基本的な表現を用いて話すようにする。

イ　自分のことについて，人前で実物などを見せながら，簡単な語句や基本的な表現を用いて話すようにする。

ウ　日常生活に関する身近で簡単な事柄について，人前で実物などを見せながら，自分の考えや気持ちなどを，簡単な語句や基本的な表現を用いて話すようにする。

2　内　容

〔第3学年及び第4学年〕

〔知識及び技能〕

(1) 英語の特徴等に関する事項

　実際に英語を用いた言語活動を通して，次の事項を体験的に身に付けることができるよう指導する。

ア　言語を用いて主体的にコミュニケーションを図ることの楽しさや大切さを知ること。

イ　日本と外国の言語や文化について理解すること。

　(ア)　英語の音声やリズムなどに慣れ親しむとともに，日本語との違いを知り，言葉の面白さや豊かさに気付くこと。

　(イ)　日本と外国との生活や習慣，行事などの違いを知り，多様な考え方があることに気付くこと。

　(ウ)　異なる文化をもつ人々との交流などを体験し，文化等に対する理解を深めること。

〔思考力，判断力，表現力等〕

(2) 情報を整理しながら考えなどを形成し，英語で表現したり，伝え合ったりすることに関する事項

　具体的な課題等を設定し，コミュニケーションを行う目的や場面，状況などに応じて，情報や考えなどを表現することを通して，次の事項を身に付けることができるよう指導する。

ア　自分のことや身近で簡単な事柄について，簡単な語句や基本的な表現を使って，相手に配慮しながら，伝え合うこと。

イ　身近で簡単な事柄について，自分の考えや気持ちなどが伝わるよう，工夫して質問をしたり質問に答えたりすること。

(3) 言語活動及び言語の働きに関する事項

①　言語活動に関する事項

　(2)に示す事項については，(1)に示す事項を活用して，例えば，次のような言語活動を通して指導する。

ア　聞くこと

　(ア)　身近で簡単な事柄に関する短い話を聞いておおよその内容を分かったりする活動。

　(イ)　身近な人や身の回りの物に関する簡単な語句や基本的な表現を聞いて，それらを表すイラストや写真などと結び付ける活動。

　(ウ)　文字の読み方が発音されるのを聞いて，活字体で書かれた文字と結び付ける活動。

イ　話すこと［やり取り］

　(ア)　知り合いと簡単な挨拶を交わしたり，感謝や簡単な指示，依頼をして，それらに応じたりする活動。

　(イ)　自分のことや身の回りの物について，動作を交えながら，好みや要求などの自分の気持ちや考えを伝え合う活動。

　(ウ)　自分や相手の好み及び欲しい物などについて，簡単な質問をしたり質問に答えたりする活動。

ウ　話すこと［発表］

　(ア)　身の回りの物の数や形状などについて，人前で実物やイラスト，写真などを見せながら話す活動。

　(イ)　自分の好き嫌いや　欲しい物などについて，人前で実物やイラスト，写真などを見せながら話す活動。

付　　録

（ウ）　時刻や曜日，場所など，日常生活に関する身近で簡単な事柄について，人前で実物やイラスト，写真などを見せながら，自分の考えや気持ちなどを話す活動。
②　言語の働きに関する事項
　言語活動を行うに当たり，主として次に示すような言語の使用場面や言語の働きを取り上げるようにする。
ア　言語の使用場面の例
（ア）　児童の身近な暮らしに関わる場面
　　・家庭での生活　・学校での学習や活動
　　・地域の行事　・子供の遊び　など
（イ）　特有の表現がよく使われる場面
　　・挨拶　・自己紹介　・買物
　　・食事　・道案内　など
イ　言語の働きの例
（ア）　コミュニケーションを円滑にする
　　・挨拶をする　・相づちを打つ　など
（イ）　気持ちを伝える
　　・礼を言う　・褒める　など
（ウ）　事実・情報を伝える
　　・説明する　・答える　など
（エ）　考えや意図を伝える
　　・申し出る　・意見を言う　など
（オ）　相手の行動を促す
　　・質問する　・依頼する　・命令するなど
3　指導計画の作成と内容の取扱い
（1）　指導計画の作成に当たっては，第5学年及び第6学年並びに中学校及び高等学校における指導との接続に留意しながら，次の事項に配慮するものとする。
ア　単元など内容や時間のまとまりを見通して，その中で育む資質・能力の育成に向けて，児童の主体的・対話的で深い学びの実現を図るようにすること。その際，具体的な課題等を設定し，児童が外国語によるコミュニケーションにおける見方・考え方を働かせながら，コミュニケーションの目的や場面，状況などを意識して活動を行い　英語の音声や語彙，表現などの知識を，三つの領域における実際のコミュニケーションにおいて活用する学習の充実を図ること。

イ　学年ごとの目標を適切に定め，2学年間を通じて外国語活動の目標の実現を図るようにすること。
ウ　実際に英語を用いて互いの考えや気持ちを伝え合うなどの言語活動を行う際は，2の(1)に示す事項について理解したり練習したりするための指導を必要に応じて行うこと。また，英語を初めて学習することに配慮し，簡単な語句や基本的な表現を用いながら，友達との関わりを大切にした体験的な言語活動を行うこと。
エ　言語活動で扱う題材は，児童の興味・関心に合ったものとし，国語科や音楽科，図画工作科など，他教科等で児童が学習したことを活用したり，学校行事で扱う内容と関連付けたりするなどの工夫をすること。
オ　外国語活動を通して，外国語や外国の文化のみならず，国語や我が国の文化についても併せて理解を深めるようにすること。言語活動で扱う題材についても，我が国の文化や，英語の背景にある文化に対する関心を高め，理解を深めようとする態度を養うのに役立つものとすること。
カ　障害のある児童などについては，学習活動を行う場合に生じる困難さに応じた指導内容や指導方法の工夫を計画的，組織的に行うこと。
キ　学級担任の教師又は外国語活動を担当する教師が指導計画を作成し，授業を実施するに当たっては，ネイティブ・スピーカーや英語が堪能な地域人材などの協力を得る等，指導体制の充実を図るとともに，指導方法の工夫を行うこと。
（2）　2の内容の取扱いについては，次の事項に配慮するものとする。
ア　英語でのコミュニケーションを体験させる際は，児童の発達の段階を考慮した表現を用い，児童にとって身近なコミュニケーションの場面を設定すること。
イ　文字については，児童の学習負担に配慮しつつ，音声によるコミュニケーションを補助するものとして取り扱うこと。
ウ　言葉によらないコミュニケーションの手段

211

もコミュニケーションを支えるものであることを踏まえ，ジェスチャーなどを取り上げ，その役割を理解させるようにすること。

エ　身近で簡単な事柄について，友達に質問をしたり質問に答えたりする力を育成するため，ペア・ワーク，グループ・ワークなどの学習形態について適宜工夫すること。その際，相手とコミュニケーションを行うことに課題がある児童については，個々の児童の特性に応じて指導内容や指導方法を工夫すること。

オ　児童が身に付けるべき資質・能力や児童の実態，教材の内容などに応じて，視聴覚教材やコンピュータ，情報通信ネットワーク，教育機器などを有効活用し，児童の興味・関心をより高め，指導の効率化や言語活動の更なる充実を図るようにすること。

カ　各単元や各時間の指導に当たっては　コ

ミュニケーションを行う目的，場面，状況などを明確に設定し，言語活動を通して育成すべき資質・能力を明確に示すことにより，児童が学習の見通しを立てたり，振り返ったりすることができるようにすること。

第3　指導計画の作成と内容の取扱い

1　外国語活動においては，言語やその背景にある文化に対する理解が深まるよう指導するとともに，外国語による聞くこと，話すことの言語活動を行う際は，英語を取り扱うことを原則とすること。

2　第1章総則の第1の2の(2)に示す道徳教育の目標に基づき，道徳科などとの関連を考慮しながら　第3章特別の教科道徳の第2に示す内容について外国語活動の特質に応じて適切な指導をすること。

付　　録

> 外国語活動・外国語の目標の学校段階別一覧表

5つの領域別の目標
〈聞くこと〉

小学校外国語活動	小学校外国語	中学校外国語
ア　ゆっくりはっきりと話された際に，自分のことや身の回りの物を表す簡単な語句を聞き取るようにする。	ア　ゆっくりはっきりと話されれば，自分のことや身近で簡単な事柄について，簡単な語句や基本的な表現を聞き取ることができるようにする。	ア　はっきりと話されれば，日常的な話題について，必要な情報を聞き取ることができるようにする。
イ　ゆっくりはっきりと話された際に，身近で簡単な事柄に関する基本的な表現の意味が分かるようにする。	イ　ゆっくりはっきりと話されれば，日常生活に関する身近で簡単な事柄について，具体的な情報を聞き取ることができるようにする。	イ　はっきりと話されれば，日常的な話題について，話の概要を捉えることができるようにする。
ウ　文字の読み方が発音されるのを聞いた際に，どの文字であるかが分かるようにする。	ウ　ゆっくりはっきりと話されれば，日常生活に関する身近で簡単な事柄について，短い話の概要を捉えることができるようにする。	ウ　はっきりと話されれば，社会的な話題について，短い説明の要点を捉えることができるようにする。

〈話すこと［やり取り］〉

小学校外国語活動	小学校外国語	中学校外国語
ア　基本的な表現を用いて挨拶，感謝，簡単な指示をしたり，それらに応じたりするようにする。	ア　基本的な表現を用いて指示，依頼をしたり，それらに応じたりすることができるようにする。	ア　関心のある事柄について，簡単な語句や文を用いて即興で伝え合うことができるようにする。
イ　自分のことや身の回りの物について，動作を交えながら，自分の考えや気持ちなどを，簡単な語句や基本的な表現を用いて伝え合うようにする。	イ　日常生活に関する身近で簡単な事柄について，自分の考えや気持ちなどを，簡単な語句や基本的な表現を用いて伝え合うことができるようにする。	イ　日常的な話題について，事実や自分の考え，気持ちなどを整理し，簡単な語句や文を用いて伝えたり，相手からの質問に答えたりすることができるようにする。
ウ　サポートを受けて，自分や相手のこと及び身の回りの物に関する事柄について，簡単な語句や基本的な表現を用いて質問をしたり質問に答えたりするようにする。	ウ　自分や相手のこと及び身の回りの物に関する事柄について，簡単な語句や基本的な表現を用いてその場で質問をしたり質問に答えたりして，伝え合うことができるようにする。	ウ　社会的な話題に関して聞いたり読んだりしたことについて，考えたことや感じたこと，その理由などを，簡単な語句や文を用いて述べ合うことができるようにする。

213

〈話すこと［発表］〉

小学校外国語活動	小学校外国語	中学校外国語
ア 身の回りの物について，人前で実物などを見せながら，簡単な語句や基本的な表現を用いて話すようにする。 イ 自分のことについて，人前で実物などを見せながら，簡単な語句や基本的な表現を用いて話すようにする。 ウ 日常生活に関する身近で簡単な事柄について，人前で実物などを見せながら，自分の考えや気持ちなどを，簡単な語句や基本的な表現を用いて話すようにする。	ア 日常生活に関する身近で簡単な事柄について，簡単な語句や基本的な表現を用いて話すことができるようにする。 イ 自分のことについて，伝えようとする内容を整理した上で，簡単な語句や基本的な表現を用いて話すことができるようにする。 ウ 身近で簡単な事柄について，伝えようとする内容を整理した上で，自分の考えや気持ちなどを，簡単な語句や基本的な表現を用いて話すことができるようにする。	ア 関心のある事柄について，簡単な語句や文を用いて即興で話すことができるようにする。 イ 日常的な話題について，事実や自分の考え，気持ちなどを整理し，簡単な語句や文を用いてまとまりのある内容を話すことができるようにする。 ウ 社会的な話題に関して聞いたり読んだりしたことについて，考えたことや感じたこと，その理由などを，簡単な語句や文を用いて話すことができるようにする。

〈読むこと〉

小学校外国語活動	小学校外国語	中学校外国語
	ア 活字体で書かれた文字を識別し，その読み方を発音することができるようにする。 イ 音声で十分に慣れ親しんだ簡単な語句や基本的な表現の意味が分かるようにする。	ア 日常的な話題について，簡単な語句や文で書かれたものから必要な情報を読み取ることができるようにする。 イ 日常的な話題について，簡単な語句や文で書かれた短い文章の概要を捉えることができるようにする。 ウ 社会的な話題について，簡単な語句や文で書かれた短い文章の要点を捉えることができるようにする。

付　　録

〈**書くこと**〉

小学校外国語活動	小学校外国語	中学校外国語
	ア　大文字，小文字を活字体で書くことができるようにする。また，語順を意識しながら音声で十分に慣れ親しんだ簡単な語句や基本的な表現を書き写すことができるようにする。 イ　自分のことや身近で簡単な事柄について，例文を参考に，音声で十分に慣れ親しんだ簡単な語句や基本的な表現を用いて書くことができるようにする。	ア　関心のある事柄について，簡単な語句や文を用いて正確に書くことができるようにする。 イ　日常的な話題について，事実や自分の考え，気持ちなどを整理し，簡単な語句や文を用いてまとまりのある文章を書くことができるようにする。 ウ　社会的な話題に関して聞いたり読んだりしたことについて，考えたことや感じたこと，その理由などを，簡単な語句や文を用いて書くことができるようにする。

215

索　引

あ　行

あいづち　*115,118-120,183,187,190*
アクセント　*81,129*
アセスメント　*116,117*
アルファベット　*42,130,131,135,136,152,*
　154,162,166
生きる力　*17*
異文化　*35*
インストラクション　*114,115*
インタラクション　*100,107,187*
インタラクション仮説　*107*
イントネーション　*76,77,81,127,128,187*
インフォーマル・グループ　*99*
歌　*161,193*
英語活動　*3*
『英語ノート』　*4*
英語ファシリテーション技術　*109*
英語力　*9,10,12,35-37*
絵カード　*167*
絵本　*196,197,199*
エンパワメント　*117*
オープン・クエスチョン　*115,118-120,163,*
　183,187,190
音　*41,80*
音遊び　*129*
音韻認識力　*38*
音声　*20,21,32*
音声化　*38,79,161*
音声教材　*132*
音節　*187*
音読　*38,77,79,161*
オンライン　*12,191,193,194,196,200*
オンライン学習　*67*

オンライン教材　*80*
オンライン・ゲーム　*82*
オンライン授業　*73,78*

か　行

外国語（英語）専科教師　*3,6,8,33-35*
外部講師　*36*
書くこと　*21,23,26,32,79*
学習到達目標　*52*
学習改善　*46*
学習指導案　*23*
学習指導要領　*14,19*
学習集団づくり　*30*
学習到達目標　*57,63*
学習評価　*16,45-47,57*
学習方略　*116*
学習目標　*61,87,89*
過剰一般化　*42*
仮想空間　*82*
課題解決　*106*
課題発見・課題解決　*88*
学級経営　*194*
学級集団　*188*
学級担任　*3,4,6,8,11,33-36*
学校教育法施行規則　*14,19*
カリキュラム　*14,92,195*
カリキュラム・マネジメント　*17,18*
関心・意欲・態度　*46*
観点別学習状況　*61*
机間指導　*143*
聞くこと　*23*
技能　*46*
ギャラリーウォーク　*135*
キャリア形成　*31*

217

ギャング・エイジ　*127*

教育課程　*14,19,46,192*

教育基本法　*15*

教員研修留学生　*194*

教科横断的　*3,18*

教科化　*8*

教科担任制　*33*

教科用図書　*4*

協調の技能　*95*

協同（協働）　*31,51,89*

協同学習　*87,89,94,109,157,168,185,188*

協同学習グループ　*91*

協同（働）的な学び　*5,12,88*

クール，P.　*75*

クエスチョン　*115*

クラスルームルール　*172,173,185,189*

グラフィック　*117*

クリクマール，M.　*75*

クリティカル　*82*

グループ学習　*89*

グループ活動　*10,81*

グループ編成　*98*

グループ・ワーク　*41*

クローズドの問い立て　*115*

グローバル化　*15,191*

形成的評価　*45,47,48,60,61*

研究開発学校　*3*

言語活動　*14,22,27,29,30,56,57,59,63,*
　106,107,110,115,118,119,192,193

言語経験アプローチ　*161*

言語材料　*40,59*

言語習得　*42*

語彙　*21,22,27,32,42,76,78,130*

合意形成　*106*

交互発言法　*97,101*

肯定的相互依存　*92,97,100*

校内研修　*106*

交流学習　*194*

交流学級　*195*

語学力　*12*

国際理解教育　*3*

互恵（的な）関係　*95,167*

互恵的な協力関係　*92,97,142*

語順　*27,38,160*

個人学習　*10*

個人思考　*98*

個人内評価　*48*

異なる多様な他者　*88*

言葉の学び　*75*

個別最適化　*67*

個別最適な学び　*5,88*

コミュニケーション　*26,28,30,32,55,192,*
　193,195

コミュニケーション活動　*100,114*

コミュニケーションスキル　*88*

コミュニケーション能力　*4,20,101*

コミュニケーション方略　*115*

コロナ禍　*193*

さ　行

子音　*129*

ジェスチャー　*141*

視覚教材　*76*

視覚情報　*77,157*

思考・判断・表現　*46,54,55*

思考力・判断力・表現力等　*5,10,17,20,27,*
　32,107,193

自己決定　*30*

自己効力感　*118*

自己実現　*48*

自己評価　*10,45,49-51,56,60*

事実発問　*116*

持続可能な社会　*88*

実物教材　*119*

指導計画　*23,35,45,48,57*

指導と評価の一体化　*45-47*

指導法　*35*

指導方法　*48*

索　引

指導目標　*40*

児童理解　*30*

指導力　*33*

社会構成主義　*89*

社会的技能　*90,143*

社会的スキル　*88*

集団思考　*98*

習得・活用・探究　*28*

授業改善　*18,35,37,57,107*

授業計画　*45,118*

授業研究　*106*

授業づくり　*194*

授業展開　*35*

授業プログラム　*110*

授業力　*12*

主体的・対話的で深い学び　*17,18,88,106, 107*

主体的・対話的な学び　*186*

主体的な学び　*31*

主体的に学習に取り組む態度　*46,54,56*

受容語彙　*27*

小中連携　*26*

ショルダー・パートナー　*117*

シラブル　*129*

自立活動　*193*

新型コロナウイルス感染症　*67,194*

シンゲル，D. P.　*75*

診断的評価　*48,61*

ストレス（強弱）　*37*

スプレッドシート　*81*

スマートフォン　*82*

成功体験　*129,193*

生成AI　*65,81,82*

絶対評価　*47*

総括的評価　*45,47,48,57,61*

総合的な学習の時間　*3,36*

相互交流　*95,97,100,101,144*

相互作用　*89,106*

相互評価　*45,51,52,56,61,101*

相互不干渉　*100*

相対評価　*47*

ソーシャル・スキル　*95*

ソニフィケーション　*117*

ソフトウェア　*68*

た　行

第 5 期科学技術基本計画　*65*

体験的な活動　*192*

題材　*30*

対人的技能　*95*

代表頑張れ　*167*

対話活動　*160*

対話的な学び　*31*

高い成果を生む協同学習グループ　*92*

他者理解　*188*

タスクワーク　*95*

タブレット　*81,82,122*

多文化・異文化理解　*5*

探究的な学び　*88*

単元計画　*118*

単元指導計画　*49*

単元のねらい　*53*

（単元の）目標　*53*

ダンス　*193*

談話　*78*

地域人材　*36*

チーム・ティーチング　*12,194*

チームワーク　*91,92,95,100*

知識及び技能　*193*

知識・技能　*5,10,17,20,27,54*

知識・理解　*46*

知的学級　*191,195*

チャレンジレベル　*174*

チャンツ　*129,140,147,151,180,187,193*

聴覚情報　*77*

通常学級　*192*

つづり　*42,79*

デジタル教科書　*5,37,73,74,76,77,85,140,*

219

178

デジタル教材　74

デジタル・リテラシー教育　82,83

テスト　47

デモンストレーション　121,144,149,157,
168,168,174,175,188

電子黒板　67,194,197

伝統的な教室での学習グループ　90

テンポ　180

特別支援学級　192-194

特別支援学校　192,195

特別支援教育　191

読解　75

な　行

ナーサリー・ライム　128,161

人間関係　89,193

ねらい　39

年間計画　118

年間指導計画　49

は　行

バーチャル・リアリティ　66,78

発音　127,194

発音矯正　26

発音指導　26

発音練習　80,113,157

バックワード・デザイン　33,38,60,110,118

発信語彙　27

発達段階　22,34,35

バトラー後藤　75

話し合い　106

話すこと　23,32

話すこと［発表］　9,25,78

話すこと［やり取り］　9,24,78

パフォーマンス　45,53

パフォーマンス課題　39,53,56,60,110,113,
114,118

パフォーマンステスト　8,10,101,152,169,

182

パフォーマンス評価　59,60,63

場面設定　30

早口言葉　128

反転授業　82,83

非常勤講師等　36

必修化　9

否定的相互依存　99

1人1台端末　66-68,113

評価規（基）準　45,49,52,53,57

評価基準表　53

評価計画　45,51,57,59

評価方法　45

表現　21,32,76

標準授業時数　14

評定　47

ビンゴ　134

ファシリテーション　108,185,189

ファシリテーション技術　101,107,108,135,
194

ファシリテーション能力　106,107

ファシリテーター　111,114

フィードバック　48,50,63,96,100,108,190

フェイス・パートナー　117

フォーマル・グループ　98

フォーメーション　117

フォニックス　137,177,179

深い学び　28,31

フラッシュカード　178

振り返り　37,49-51,96,101,132,143,158,
189,199

プログラミング教育　66

プログラムデザイン　118

文構造　21,78

文法　9,22,32

ペア学習　89

ペア活動　10,41,81

ペア・ワーク　41

ベース・グループ　99

索　引

ポインティング・ゲーム　*134*
ポートフォリオ　*118*
母語　*42,111,161*
ボランティア　*36*
ホワイトボード　*135,196,199*
ホワイトボード・ミーティング®　*119,194*

ま 行

学びに向かう力・人間性等　*5,10,17,20,193*
マネージメント力　*34*
見方・考え方　*14,18,20,27-29,32,192*
見せかけの学習グループ　*90*
ミニホワイトボード　*118,120,163,166,167,*
　186,195,199
メタ認知能力　*9,51*
メタ認知力　*49*
メタバース　*66,78*
目的意識　*10*
目標言語　*108*
文字　*21,80*
文字指導　*26*
問題（課題）解決能力　*88*

や 行

役割分担　*95,114,144*
やり取り　*7,41,43,76,79,84*
予測困難な時代　*16*
読むこと　*21,23,25,32,77,78*

ら・わ行

ライム　*37*
リスニング　*118,151*
リズム　*35,38,41,42,76,77,80,81,129,140,*
　180
留学生　*36*
リンキング　*129*
輪番発言法　*102*
ルーブリック　*23,51,52,119,182*

令和の日本型学校教育　*87,106*
レディネステスト　*48*
レポート　*47*
ローマ字　*136,166*
ワークシート　*47*

欧 文

ABCソング　*131-133,154,156,158*
AI　*16,65,74,79,81*
ALT　*3,6,7,10,11,33-36,77,122,149,194,*
　195
Can-Do リスト　*33,39,51-53,60,119*
GIGA スクール元年　*67*
GIGA スクール構想　*65,68,74*
Go Fish　*134*
『Hi, friends !』　*4*
ICT　*10,43,65,187,191,194*
ICT 環境　*67,84*
ICT 機器　*68,70,71,74,76,83,84*
ICT 技術　*74,84*
ICT 教材　*85*
ICT 支援員　*68*
ICT 端末　*77*
JET プログラム　*36*
Jingle　*167,185*
『Let's Try !』　*4,5,127,130,134,135,137,*
　145
OECD　*88*
OS　*68,80*
PISA　*88*
Reflection　*189*
Small Talk　*121,151,160,177,180,181,187,*
　190
SNS　*82*
Society 5.0　*65,106*
TED Talks　*75*
VRヘッドセット　*66*
『We Can !』　*4,8*

221

《監修者紹介》

広岡義之　神戸親和大学教育学部・同大学院教育学専攻教授

林泰成　上越教育大学学長

貝塚茂樹　武蔵野大学教育学部・同大学院教授

《執筆者紹介》所属，執筆分担，執筆順，＊は編者

＊大場浩正　編著者紹介参照：はじめに，第1章，第3章，第6章，第7章，第10章

新井謙司　中部学院大学教育学部准教授：第1章，第3章，第5章，第8章，第9章

中野博史　上越教育大学附属中学校校長：第2章，第4章

池田実千代　上田市立菅平中学校教諭：第8章

今井洋太　柏崎市立柏崎小学校教諭（2024年3月現在）：第8章，第9章

植木清華　妙高市立妙高高原小学校教諭：第8章，第9章

足利奈央子　上越市立清里中学校教諭：第8章，第9章

髙井季代子　浜松市立西小学校教諭：第9章

工藤美季　tsunagu 代表／一般社団法人 terra 代表理事：第10章

《編著者紹介》

大場　浩正（おおば・ひろまさ）

1962年生まれ。上越教育大学大学院学校教育研究科教授。上越教育大学大学院学校教育研究科修了。修士（教育学）。主著に『授業力アップのための英語教師必携自己啓発マニュアル（英語教師力アップシリーズ5）』（共著）開拓社，2019年。『子どもの「問い」が立ちあがる』（共著）学事出版，2021年。『学級づくりと授業に生かすカウンセリング（教師とSCのためのカウンセリング・テクニック1）』（共著）ぎょうせい，2022年など。

ミネルヴァ教職専門シリーズ⑩
外国語教育の研究

2025年4月20日　初版第1刷発行　　　　〈検印省略〉

定価はカバーに
表示しています

編著者	大 場 浩 正
発行者	杉 田 啓 三
印刷者	坂 本 喜 杏

発行所　株式会社　ミネルヴァ書房
607-8494　京都市山科区日ノ岡堤谷町1
電話代表　(075)581-5191
振替口座　01020-0-8076

©大場浩正ほか，2025　冨山房インターナショナル・吉田三誠堂製本

ISBN 978-4-623-09922-1
Printed in Japan

ミネルヴァ教職専門シリーズ

広岡義之・林　泰成・貝塚茂樹 監修

全12巻

Ａ５判／美装カバー／200〜260頁／本体予価2400〜2600円／＊は既刊

＊① 教育の原理　　　　　　　　　　　　　　　深谷　潤・広岡義之 編著

＊② 教育の歴史と思想　　　　　　　　　　　貝塚茂樹・広岡義之 編著

＊③ 教職論　　　　　　　　　　　　　　　　　津田　徹・広岡義之 編著

＊④ 学校の制度と経営　　　　　　　　　　　　　　藤田祐介 編著

＊⑤ 特別支援教育の探究　　　　　　　　　　　　　大庭重治 編著

＊⑥ 教育課程論・教育評価論　　　　　　　木村　裕・古田　薫 編著

　⑦ 教育方法と技術およびICTの活用　　　林　泰成・高橋知己 編著

＊⑧ 生徒指導論・キャリア教育論　　　　稲垣応顕・山田智之 編著

＊⑨ 道徳教育の理論と方法　　　　　　　　　　　　走井洋一 編著

＊⑩ 外国語教育の研究　　　　　　　　　　　　　　大場浩正 編著

＊⑪ 総合的な学習の時間の新展開　　釜田　聡・松井千鶴子・梅野正信 編著

＊⑫ 特別活動　　　　　　　　　　　　　　　　　　上岡　学 編著

ミネルヴァ書房

https://www.minervashobo.co.jp/